小4 全科の復習テスト 英

この本の特色と使い方

①学習したことがしっかりと身につくよう，くふうをこらしてつくった全科の復習《ふくしゅう》テストです。

②小学４年で学習しなければならない，基礎《きそ》・基本《きほん》となるたいせつな学習内容《ないよう》と考え方を取り入れ，確実《かくじつ》に力がつくように考えてあります。

※カイとサクラは双子《ふたご》

はじめに

●各《かく》科目の学習内容をマンガでえがいているので，その学年で学ぶ内容がよくわかります。

本文

●「ふく習のポイント！」は，その単元《たんげん》でどういう点に気をつけて学習をすればよいか書いてありますので，問題をとく前に読んでおきましょう。

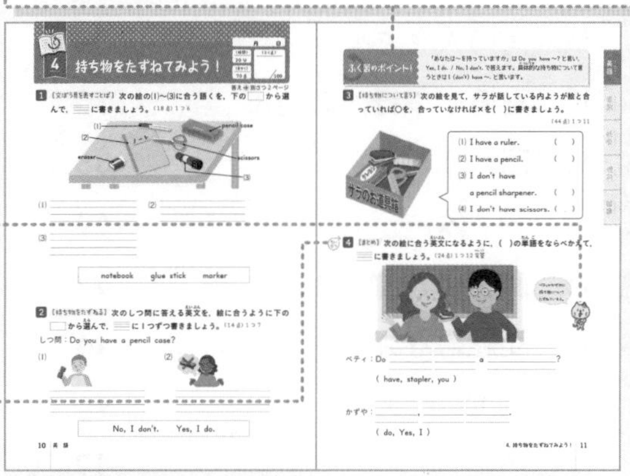

●コタロウは本文にも登場《とうじょう》します

● たいせつ マークは「たいせつな問題」で，テストによく出る問題です。特《とく》に力を入れて解《と》きましょう。

仕上げテスト

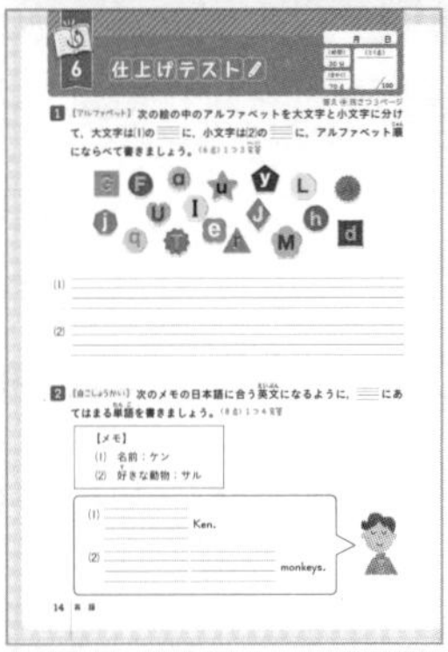

●このページで各科目の知識《ちしき》がしっかりと定着しているかを確《たし》かめましょう。

答え

●「答え」には 考え方 や とき方，ここに注意！ などをつけて，まちがいの原因《げんいん》をさぐりやすくしました。

本書に関する最新情報は，当社ホームページにある**本書の「サポート情報」**をご覧ください。（開設していない場合もございます。）

もくじ

国語は巻末から始まります。

4年 英語

はじめに

４年生の英語では，ふだんよく使うあいさつの表げんや，曜日や時間のたずね方を学びます。また，好《す》きなもの，持ち物，ほしいものを伝《つた》えたり，相手にたずねる表げんも出てきます。ならった文を組み合わせて，自こしょうかいをしたり，相手と対話したりしましょう。

1 アルファベットのふく習をしよう！

月　日

〈時間〉20分

〈合かく〉70点

〈とく点〉

/100

答え→別さつ1ページ

1 ［大文字］ **次の絵の中にかくれているアルファベットの大文字を5つ見つけて，＿＿に書きましょう。**（20点）1つ4

2 ［小文字］ **次の絵の中にある，よごれてかくれてしまっているアルファベットの小文字を，＿＿に書きましょう。**（20点）1つ5

(1)

(2)

(3)

(4)

ふく習のポイント！

- アルファベットは大文字と小文字それぞれ 26 こです。
- 大文字と小文字で形が大きくちがうものもあるので，それぞれを区別《くべつ》して書く練習をしましょう。

3 ［大文字と小文字］ **次のアルファベットを，大文字は小文字に，小文字は大文字にして，＿＿に書きましょう。**（30 点）1 つ 5

(1) M　　(2) R　　(3) D

(4) n　　(5) b　　(6) e

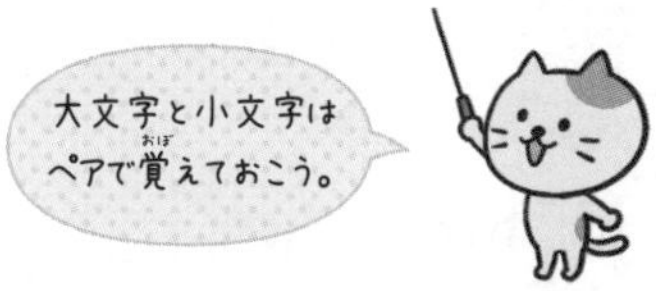

たいせつ

4 ［まとめ］ **次の文字がアルファベット順《じゅん》になるように，(1)と(2)は大文字を，(3)〜(5)は小文字を，＿＿に書きましょう。**（30 点）1 つ 6

(1) I → ＿＿ → K

(2) U → V → ＿＿

(3) j → ＿＿ → l

(4) m → ＿＿ → o → p

(5) s → ＿＿ → u

2 自こしょうかいをしよう！

月　日

〈時間〉20分　〈合かく〉70点　〈とく点〉　/100

答え→別さつ1ページ

1 ［動物を表すことば］ **次の絵の⑴～⑶に合う単語《たんご》を，下の［　］から選んで，＿＿に書きましょう。**（21点）1つ7

⑴ four ＿＿＿＿＿＿＿＿　⑵ three ＿＿＿＿＿＿＿＿

⑶ two ＿＿＿＿＿＿＿＿

horses　　snakes　　monkeys

2 ［あいさつ］ **次の絵と英文《えいぶん》を線で結《むす》んで，正しい組み合わせにしましょう。**（21点）1つ7

⑴

⑵

⑶

Good afternoon.　　Good night.　　Good morning.

ふく習のポイント！

- あいさつのことばは言う時間によって変《か》わります。
- 「わたしは～です」は I'm ～. と言います。
- 「わたしは～が好《す》きです」は I like ～. と言います。

3 ［自分の名前や好きなものを言う］ **次の日本語に合う英文《えいぶん》になるように，＿＿＿にあてはまる単語《たんご》を書きましょう。**（22 点）1 つ 11

(1)

ぼくはトムだよ。

＿＿＿＿＿ Tom.

(2)

ウサギが好きよ。

I ＿＿＿＿＿ rabbits.

たいせつ **4** ［まとめ］ **次のとき，英語で何と言いますか。(　)の単語をならべかえて，＿＿＿に書きましょう。ただし，それぞれ 1 つずつ使わない単語があります。**（36 点）1 つ 12

(1) 朝，友達《ともだち》に会ってあいさつするとき。

(morning / afternoon / Good).

＿＿＿＿＿＿＿＿＿＿＿＿＿＿＿＿.

(2) 自分はメグだと言うとき。

(Meg / I'm / I).

＿＿＿＿＿＿＿＿＿＿＿＿＿＿＿＿.

(3) 自分はイヌが好きだと言うとき。

(want / dogs / like / I).

＿＿＿＿＿＿＿＿＿＿＿＿＿＿＿＿.

3 時こくや曜日をたずねてみよう！

月　日

〈時間〉20分　〈合かく〉70点　〈とく点〉　/100

答え→別さつ２ページ

1 ［数字］ 次の(1)～(4)に合う単語《たんご》を，＿＿＿に書きましょう。うすい文字はなぞりましょう。（20点）1つ5

1	2	3	4	5	6
one	(1) t	three	(2) f	five	six

7	8	9	10	11	12
(3) s	eight	nine	ten	(4) e	twelve

2 ［曜日を表すことば］ 次の予定表の(1)～(3)に入る単語を，下の［　］から選《えら》んで，＿＿＿に書きましょう。（18点）1つ6

今週の予定	
Monday	
(1)	ピアノレッスン
Wednesday	
(2)	
Friday	
(3)	じゅく
Sunday	友達《ともだち》と遊ぶ

(1)

(2)

(3)

Saturday　Tuesday　Thursday

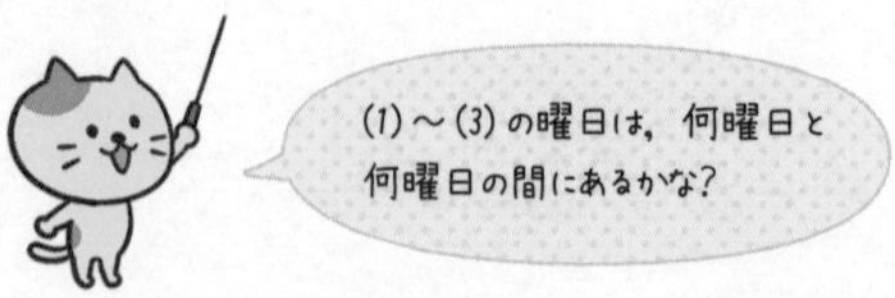

ふく習のポイント！

- 「何時ですか」とたずねるときは What time is it?,「何曜日ですか」とたずねるときは What day is it? と言います。
- 「～時／～曜日です」と答えるときは It's ～. と言います。

3 ［時こく・曜日について話す］ **次のしつ問と答えの文を線で結《むす》んで，正しい組み合わせにしましょう。**（18点）1つ9

(1) What time is it? ・　　　　・ It's Thursday.

(2) What day is it? ・　　　　・ It's three.

たいせつ

4 ［まとめ］ **次の日本語に合う英文《えいぶん》になるように，（　）からあてはまる単《たん》語《ご》を１つ選《えら》んで，＿＿＿に書きましょう。ただし，それぞれ２つずつ使わない単語があります。**（44点）1つ11

(1)

マリア：What ＿＿＿＿＿＿ is it?

たけし：＿＿＿＿＿＿ Friday.

（ day / It's / time / I'm ）

(2)

れいこ：＿＿＿＿＿＿ time is it?

ニック：It's ＿＿＿＿＿＿.

（ How / three / What / ten ）

4

持ち物をたずねてみよう！

月　日

〈時間〉20分

〈合かく〉70点

〈とく点〉　/100

答え→別さつ2ページ

1 ［文ぼう具を表すことば］ **次の絵の(1)〜(3)に合う語くを，下の［　］から選んで，［　］に書きましょう。**（18点）1つ6

(1) ＿＿＿＿＿＿　(2) ＿＿＿＿＿＿

(3) ＿＿＿＿＿＿

notebook	glue stick	marker

2 ［持ち物をたずねる］ **次のしつ問に答える英文《えいぶん》を，絵に合うように下の［　］から選《えら》んで，［　］に1つずつ書きましょう。**（14点）1つ7

しつ問：Do you have a pencil case?

(1)

＿＿＿＿＿＿

(2)

＿＿＿＿＿＿

No, I don't.	Yes, I do.

ふく習のポイント！

「あなたは～を持っていますか」は Do you have ～? と言い，Yes, I do. / No, I don't. で答えます。具体的《ぐたいてき》な持ち物について言うときは I（don't）have ～. と言います。

3 ［持ち物について言う］ **次の絵を見て，サラが話している内ようが絵と合っていれば○を，合っていなければ×を(　)に書きましょう。**

（44点）1つ11

(1) I have a ruler.　(　　)

(2) I have a pencil.　(　　)

(3) I don't have a pencil sharpener.　(　　)

(4) I don't have scissors.　(　　)

たいせつ **4** ［まとめ］ **次の絵に合う英文《えいぶん》になるように，(　)の単語《たんご》をならべかえて，＿＿に書きましょう。**（24点）1つ12 完答《かんとう》

ベティ：Do ＿＿＿＿ ＿＿＿＿ a ＿＿＿＿?

(have / stapler / you)

かずや：＿＿＿＿, ＿＿＿＿ ＿＿＿＿.

(do / Yes / I)

5 ほしいものをたずねてみよう！

月　　日

〈時間〉20分

〈合かく〉70点

〈とく点〉　　/100

答え→別さつ２ページ

1 ［果物《くだもの》や野菜《やさい》を表すことば］ **次の絵に合う語くを，下の［　　］から選んで，＿＿＿に書きましょう。**（24点）1つ6

(1)

(2)

(3)

(4)

strawberry　　green pepper
orange　　mushroom

2 ［食べ物を表すことば］ **次の絵と語くを線で結《むす》んで，正しい組み合わせにしましょう。**（24点）1つ6

sandwich　　rice ball　　cake　　hamburger

ふく習のポイント！

ほしいものを聞くときは「何がほしいですか」What do you want? と言い，「わたしは～がほしいです」と答えるときは I want ～. と言います。

3 ［ほしいものをたずねる］ **次の日本語に合う英文《えいぶん》になるように，あてはまる文を次から選《えら》び，記号で答えましょう。**（16点）1つ8

(1) ア What do you like?
イ What do you have?
ウ What do you want? （　　）

(2) ア I want an apple.
イ I want a pineapple.
ウ I want a banana. （　　）

絵の女の人は「ほしいもの」をたずねているね。

4 ［まとめ］ **次の日本語に合う英文になるように，（　）の単語《たんご》をならべかえて，＿＿に書きましょう。ただし，それぞれ1つずつ使わない単語があります。**（36点）1つ12

(1) あなたは何がほしいですか。（ you / Who / do / What / want ）?

＿＿＿＿＿＿＿＿＿＿＿＿＿＿＿＿＿＿＿＿＿＿＿＿？

(2) わたしはモモがほしいです。（ want / peaches / potatoes / I ）.

＿＿＿＿＿＿＿＿＿＿＿＿＿＿＿＿＿＿＿＿＿＿＿＿.

(3) ぼくはサンドイッチがほしいです。（ have / I / sandwiches / want ）.

＿＿＿＿＿＿＿＿＿＿＿＿＿＿＿＿＿＿＿＿＿＿＿＿.

6 仕上げテスト

月	日

〈時間〉30分
〈合かく〉70点
〈とく点〉 /100

答え→別さつ3ページ

1 ［アルファベット］**次の絵の中のアルファベットを大文字と小文字に分けて，大文字は(1)の＿＿に，小文字は(2)の＿＿に，アルファベット順《じゅん》にならべて書きましょう。**（6点）1つ3完答《かんとう》

(1) ＿＿＿＿＿＿＿＿

(2) ＿＿＿＿＿＿＿＿

2 ［自こしょうかい］**次のメモの日本語に合う英文《えいぶん》になるように，＿＿にあてはまる単語《たんご》を書きましょう。**（8点）1つ4完答

【メモ】
(1) 名前：ケン
(2) 好《す》きな動物：サル

(1) ＿＿＿＿ Ken.

(2) ＿＿＿＿ ＿＿＿＿ monkeys.

3 ［時こく・曜日を伝《つた》える］ **次の絵と英文《えいぶん》を線で結《むす》んで，正しい組み合わせにしましょう。**（20点）1つ5

It's four.　　It's Sunday.　　It's five.　　It's Saturday.

4 ［時こく・曜日をたずねる］ **次の絵に合う英文になるように，(　)の単語《たんご》をならべかえて，＿＿に書きましょう。**（24点）1つ6

(1)

何時？

9時だよ。

アリス：(it / time / is / What)?

＿＿＿＿＿＿＿＿＿＿＿＿＿＿＿＿＿＿＿＿?

はやと：(nine / It's).

＿＿＿＿＿＿＿＿＿＿＿＿＿＿＿＿＿＿＿＿.

(2)

何曜日？

月曜日だよ。

ハリー：(day / What / it / is)?

＿＿＿＿＿＿＿＿＿＿＿＿＿＿＿＿＿＿＿＿?

かおり：(Monday / It's).

＿＿＿＿＿＿＿＿＿＿＿＿＿＿＿＿＿＿＿＿.

5 ［持ち物について話す］ **それぞれの絵に合う英文《えいぶん》になるように，（　）からあてはまる語くを１つ選《えら》んで，○で囲《かこ》みましょう。**（24点）１つ８

⑴ あなたはペンを持っていますか。

(What / Do) you have a pen?

⑵ ぼくはノートを持っていません。

I (have / don't have) a notebook.

⑶ わたしは，はさみを持っています。

I (have / don't have) scissors.

6 ［食べたい物をたずねる］ **次の日本語に合う英文になるように，最初《さいしょ》の１文字をヒントにして，＿＿＿にあてはまる単語《たんご》を書きましょう。うすい文字はなぞりましょう。**（18点）１つ９完答《かんとう》

⑴ あなたは何がほしいですか。

W＿＿＿＿ d＿＿＿＿ you w＿＿＿＿?

⑵ わたしはハンバーガーがほしいです。

I w＿＿＿＿ a h＿＿＿＿.

４年 算数

はじめに

４年生の算数では，わり算のひっ算や計算のきまりを勉強します。わり算のひっ算では，かけ算やひき算を使うので，これまでに習った計算が理かいできているかかくにんしておきましょう。また，分数や小数の計算や角度・面積《めんせき》も勉強していきます。文章題が多くなるので，文章を正しく読んで，式をつくれるようにしましょう。

1 大きな数

月　日

〈時間〉20分

〈合かく〉80点

〈とく点〉　/100

答え→別さつ4ページ

1 ［大きな数①］ **次の数について答えましょう。**（10点）1つ5

8570924631 0000

(1) 十億《おく》の位《くらい》の数字はいくつですか。

(2) 5は何の位の数字ですか。

たいせつ **2** ［大きな数②］ **次の数を数字で書きましょう。**（15点）1つ5

(1) 百四十兆《ちょう》三億八十万六千五

(2) 一兆を3こ，一億を200こあわせた数

(3) 千億を45こ集めた数

たいせつ **3** ［数直線］ **次の数直線で，①～④にあたる数を書きましょう。**

（20点）1つ5

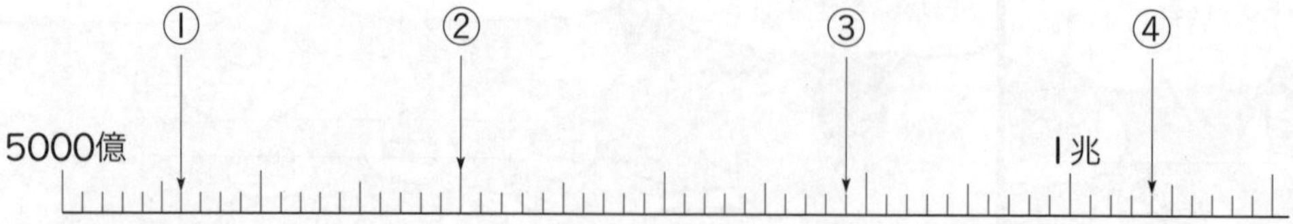

ふく習のポイント！

大きな数を書くときは，０の数に気をつけて書きましょう。また，終わりに０のある数のかけ算は，０がないものとして計算し，その答えの右に，はぶいた０の数だけ０をつけます。

4 ［大きな数 ③］ **次の数を書きましょう。**（20点）1つ5

⑴ 200億《おく》より500億大きい数

⑵ 1兆《ちょう》より300億小さい数

⑶ 9000億を10倍した数

⑷ 4億を10でわった数

たいせつ **5** ［大きな数の計算］ **18×23＝414 を使って，次の計算の答えを求《もと》めましょう。**（20点）1つ5

⑴ 1800×2300

⑵ 18万×23

⑶ 18万×23万

⑷ 18万×23億

6 ［数のしくみ］ **0から9までの10この数字をどれも1回ずつ使って，次の数をつくりましょう。**（15点）1つ5

⑴ いちばん大きい数

⑵ いちばん小さい数

⑶ 2番目に小さい数

月　日

〈時間〉20分
〈合かく〉80点
〈とく点〉　／100

2 がい数と計算の見積《みつ》もり

答え→別さつ4ページ

たいせつ **1** ［がい数］ **次の数を，四捨五入《ししゃごにゅう》して，〔　〕の中のがい数で表しましょう。** （20点）1つ5

(1) 205489〔千の位《くらい》まで〕

(2) 2597030〔一万の位まで〕

(3) 82937〔上から1けた〕

(4) 3780245〔上から2けた〕

2 ［以上《いじょう》・以下《いか》・未満《みまん》］ **四捨五入で，百の位までのがい数で表したとき，次の数になる整数のはん囲《い》を，(1)は以上，未満を使って表しましょう。また，(2)は以上，以下を使って表しましょう。** （14点）1つ7

(1) 800

(2) 10300

3 ［和や差《さ》の見積《みつ》もり］ **四捨五入して，百の位までのがい数にして，答えを見積もりましょう。** （24点）1つ6

(1) 235＋471

(2) 865－359

(3) 1726＋3562

(4) 1048－890

ふく習のポイント!

がい数を求《もと》めるときは，求める位《くらい》の１つ下の位の数字を四捨五《ししゃご》入《にゅう》します。また，計算の答えを見《み》積《つ》もるときは，はじめにがい数になおしてから計算します。

4 ［積《せき》の見《み》積《つ》もり］ **四捨五入《ししゃごにゅう》して，上から１けたのがい数にして，答えを見積もりましょう。** （12点）1つ6

(1) 218×651

(2) 3731×249

たいせつ

5 ［切りすて・切り上げの見積もり］ **ゆうこさんは，右の表にあるような品物を買うことにしました。** （20点）1つ10

品物	ねだん(円)
ノート	112
コンパス	329
はさみ	238
ボールペン	230
じょうぎ	214

(1) 1000円でぜんぶ買えますか。

(2) 496円のふで箱を買いたすことにしました。2000円でぜんぶ買えますか。

6 ［見積もりの問題］ **ある日の動物園の入場者数は1974人でした。１人分の入場料《にゅうじょうりょう》は280円です。入場者数と入場料を上から１けたのがい数にして，この日の入場料の合計を見積もりましょう。** （10点）

3 わり算の筆算 ①

月　日

〈時間〉20分

〈合かく〉80点

〈とく点〉　／100

答え→別さつ4ページ

1 [答えが何十，何百になるわり算] **次のわり算をしましょう。**（8点）1つ2

(1) 60÷3　　(2) 250÷5

(3) 560÷7　　(4) 800÷2

2 [わり算の問題] **280まいの折《お》り紙を4人に同じ数ずつ分けます。1人分は何まいになるでしょう。**（7点）

たいせつ **3** [2けた÷1けた] **次のわり算をしましょう。わり切れないときは，商は一の位《くらい》まで求《もと》めて，あまりも出しましょう。**（27点）1つ3

(1) 3)36　　(2) 5)65　　(3) 4)84

(4) 2)90　　(5) 7)91　　(6) 6)80

(7) 3)97　　(8) 4)81　　(9) 5)50

ふく習のポイント！

わり算をしたら，あとで，必《かなら》ず答えのたしかめをしましょう。
（わる数）×（商）＋（あまり）＝（わられる数）でたしかめることができます。

たいせつ **4** ［3けた÷1けた］ **次のわり算をしましょう。わり切れないときは，商は一の位《くらい》まで求《もと》めて，あまりも出しましょう。** （48点）1つ4

(1) 6)138

(2) 3)897

(3) 9)459

(4) 4)828

(5) 6)780

(6) 5)245

(7) 7)368

(8) 5)403

(9) 6)794

(10) 2)417

(11) 9)863

(12) 4)663

5 ［倍の問題］ **たかしさんはビー玉を136こ持っています。弟はビー玉を8こ持っています。たかしさんのビー玉の数は，弟のビー玉の数の何倍でしょう。** （10点）

4 わり算の筆算 ②

月　日

〈時間〉20分　〈合かく〉80点　〈とく点〉　／100

答え→別さつ5ページ

たいせつ **1** ［2けたでわるわり算］ **次のわり算をしましょう。**（24点）1つ4

(1) $12\overline{)\,24}$

(2) $27\overline{)\,81}$

(3) $19\overline{)\,76}$

(4) $54\overline{)\,270}$

(5) $28\overline{)\,168}$

(6) $42\overline{)\,756}$

2 ［あまりのあるわり算］ **次のわり算をしましょう。わり切れないときは，商は一の位《くらい》まで求《もと》めて，あまりを出しましょう。**（24点）1つ4

(1) $18\overline{)\,68}$

(2) $23\overline{)\,99}$

(3) $36\overline{)\,82}$

(4) $15\overline{)\,524}$

(5) $27\overline{)\,320}$

(6) $48\overline{)\,908}$

ふく習のポイント!

2けたでわるわり算は，商の見当をつけることが大切です。また，あまりがある場合，あまりがわる数よりも小さくなっていることをかくにんしましょう。

3 ［わり算のせいしつ］ **わり算のせいしつを使って計算しましょう。わり切れないときは，商は一の位《くらい》まで求《もと》めて，あまりも出しましょう。**

（16 点）1 つ 4

(1)

900)3600

(2)

2600)10400

(3)

30)920

(4)

400)7000

4 ［わり算の問題 ①］ **58 まいのクッキーを 12 人で同じ数ずつ分けます。1 人分は何まいになって，何まいあまりますか。**（12 点）

5 ［わり算の問題 ②］ **米が 500 ふくろあります。この米を 1 回に 30 ふくろ運ぶと，何回でぜんぶ運べますか。**（12 点）

6 ［くらべ方］ **ある店で，2 つの商品 A と B のねだんを上げました。A は 40 円が 120 円に，B は 80 円が 160 円になりました。A と B では，どちらがねだんの上がり方が大きかったといえますか。割合《わりあい》を使ってくらべましょう。**（12 点）

5 小数の計算

月　日

〈時間〉20分　〈合かく〉80点　〈とく点〉　/100

答え→別さつ5ページ

1 ［小数のしくみ］ **次の数を書きましょう。**（8点）1つ4

(1) 1を3こ，0.1を6こ，0.01を4こあわせた数

(2) 0.01を582こ集めた数

たいせつ **2** ［小数のたし算とひき算］ **次の計算をしましょう。**（24点）1つ4

(1)
　5.96
+2.37

(2)
　0.48
+0.53

(3)
　18.3
+　2.76

(4)
　6.25
−4.38

(5)
　10.37
−　9.52

(6)
　3.6
−0.28

たいせつ **3** ［小数×整数］ **次のかけ算をしましょう。**（24点）1つ4

(1)
　2.4
×　3

(2)
　14.6
×　　7

(3)
　4.06
×　　9

(4)
　7.8
×36

(5)
　4.57
×　28

(6)
　12.8
×　60

ふく習のポイント!

小数×整数 の筆算は，整数のかけ算と同じように計算し，かけられる数にそろえて積《せき》の小数点をうちます。小数÷整数 の筆算は，わられる数の小数点にそろえて商の小数点をうちます。

4 ［小数÷整数 ①］ **次のわり算をわり切れるまでしましょう。**（12 点）1 つ 4

(1) $3\overline{)\,8.7}$

(2) $8\overline{)\,6.4}$

(3) $18\overline{)\,22.5}$

5 ［小数÷整数 ②］ **次の商を，四《し》捨《しゃ》五《ご》入《にゅう》で，小数第 1 位《い》までのがい数で表しましょう。**（12 点）1 つ 4

(1) $9\overline{)\,20}$

(2) $27\overline{)\,18.6}$

(3) $14\overline{)\,4.96}$

6 ［小数の問題］ **1 まいの重さが 5.6 g のメダルが 13 まいあります。メダルぜんぶの重さは何 g になりますか。**（10 点）

7 ［小数倍］ **赤いリボンが 20 m，青いリボンが 5 m あります。青いリボンの長さは赤いリボンの長さの何倍ですか。**（10 点）

6 式と計算のきまり

月　日

〈時間〉20分

〈合かく〉80点

〈とく点〉　/100

答え→別さつ6ページ

1 [計算の順《じゅん》じょ①] **次の計算をしましょう。**（16点）1つ4

(1) $30+20\times 3$

(2) $75-35\div 5$

(3) $24\div 8\times 9$

(4) $40\div 5+10\times 2$

2 [計算の順じょ②] **次の計算をしましょう。**（16点）1つ4

(1) $25-(10+5)$

(2) $60-(26-16)$

(3) $(12+8)\times 7$

(4) $48\div(8-4)$

たいせつ **3** [計算の順じょ③] **次の計算をしましょう。**（20点）1つ5

(1) $(8+24\div 4)\times 3$

(2) $5\times(15-12+6)$

(3) $30-20\div(2+3)$

(4) $(9-5)\times(12+3)$

ふく習のポイント！

計算は左から順《じゅん》に計算しますが，（　）があれば，（　）の中を先に計算します。＋，－と×，÷では，×，÷を先に計算します。また，計算の順じょを入れかえると計算がかんたんになることがあります。

4 ［計算のくふう］ **次の計算をくふうしましょう。**（20点）1つ5

(1) 1.4＋3.7＋2.6

(2) 25×236×4

(3) 8×74＋2×74

(4) 96×8

5 ［1つの式に表す①］ **かなさんは，40円のえん筆を12本買って，500円出しました。このとき，おつりはいくらですか。1つの式に書いて求《もと》めましょう。**（8点）

（式）

たいせつ **6** ［1つの式に表す②］ **おとな4人と子ども6人でプールに行きました。プールの入場料《にゅうじょうりょう》は，おとな240円，子ども120円です。ぜんぶでいくらになりますか。1つの式に書いて求めましょう。**（10点）

（式）

たいせつ **7** ［（　）を使って1つの式に表す］ **2つのタンクに46Lと74Lの水が入っています。この水を3Lずつびんにうつしかえると，びんは何本できますか。（　）を使って1つの式に書いて求めましょう。**（10点）

（式）

7 折《お》れ線グラフと整理のしかた

月　日

〈時間〉20分　〈合かく〉80点　〈とく点〉　/100

答え→別さつ7ページ

たいせつ **1** [折《お》れ線グラフ] **たろうさんは7月24日の午前7時から午後4時までの気温を調べ，グラフに表しました。**（32点）1つ8

(1) 気温がいちばん高かったのは何時で，気温は何度ですか。

(2) 午前10時から午前12時までの間に気温は何度上がりましたか。

(3) 気温の変化《へんか》がなかったのは，何時から何時までの間ですか。

(4) 気温が下がっていったのは，何時から何時までの間ですか。

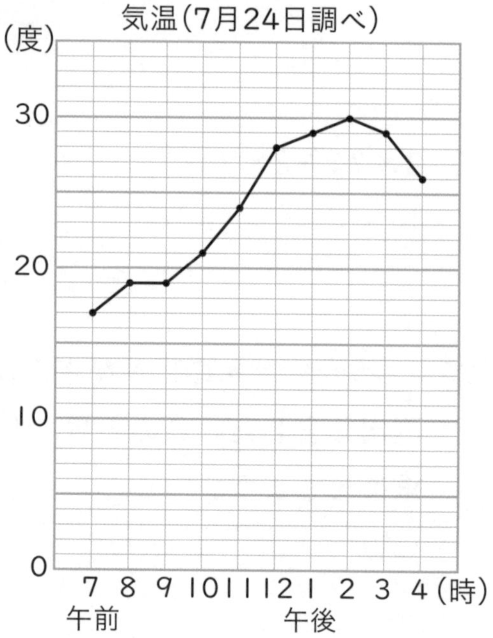

2 [折れ線グラフをかく] **ある小学校の4年生全体で，月曜日から金曜日までの欠席《けっせき》した人数を調べたところ，下のような表になりました。表を折れ線グラフに表しましょう。**（14点）

曜日	欠席した人数(人)
月	5
火	3
水	7
木	11
金	6

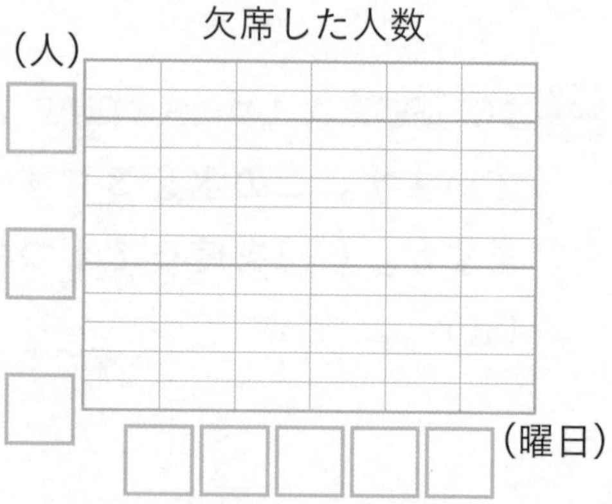

ふく習のポイント!

折《お》れ線グラフをかくときは，はじめに１目もりがいくつになるかを考えます。記録《きろく》を表に整理するときは「正」の字を書いて，数を数えます。

3 [記録《きろく》の整理] **下の表１は，４年１組 30 人の好《す》きな科目を調べたものです。**

(1) ４年１組の男子は全部で何人ですか。（８点）

(2) 国語の好きな人は男女あわせて何人いますか。（８点）

(3) 算数の好きな女子は何人いますか。（８点）

表１　好きな科目調べ

出席《しゅっせき》番号	男・女	科目	出席番号	男・女	科目
1	男	算数	16	男	理科
2	女	国語	17	男	国語
3	男	国語	18	女	社会
4	男	理科	19	男	社会
5	女	社会	20	女	算数
6	女	理科	21	女	国語
7	男	算数	22	女	国語
8	女	国語	23	男	理科
9	男	社会	24	女	国語
10	男	算数	25	女	理科
11	女	理科	26	男	社会
12	女	理科	27	女	理科
13	女	国語	28	男	算数
14	男	社会	29	男	国語
15	女	社会	30	女	社会

(4) 上の**表１**を右の**表２**に整理しましょう。（30 点）１つ２

表２　好きな科目調べ（人）

	男　子	女　子	合　計
国　語	㋐	㋑	㋒
算　数	㋓	㋔	㋕
理　科	㋖	㋗	㋘
社　会	㋙	㋚	㋛
合　計	㋜	㋝	㋞

8 変《か》わり方

月　日

〈時間〉20分　〈合かく〉80点　〈とく点〉　/100

答え→別さつ7ページ

たいせつ **1** [変《か》わり方] **まわりの長さが 30 cm の長方形があります。この長方形のたての長さと横の長さの関係《かんけい》を調べます。**

(1) たての長さが 1 cm，2 cm，3 cm，…と変わっていくとき，横の長さはどのように変わっていくか，下の表に表しましょう。(28点) 1つ2

たての長さ(cm)	1	2	3	4	5	6	7	8	9	10	11	12	13	14
横の長さ(cm)	㋐	㋑	㋒	㋓	㋔	㋕	㋖	㋗	㋘	㋙	㋚	㋛	㋜	㋝

(2) たての長さが 1 cm ずつふえていくと，横の長さはどのように変わっていくでしょう。(8点)

(3) たての長さを 1 cm から 14 cm まで変えたときの，たての長さと横の長さの関係を，右のグラフに表しましょう。(10点)

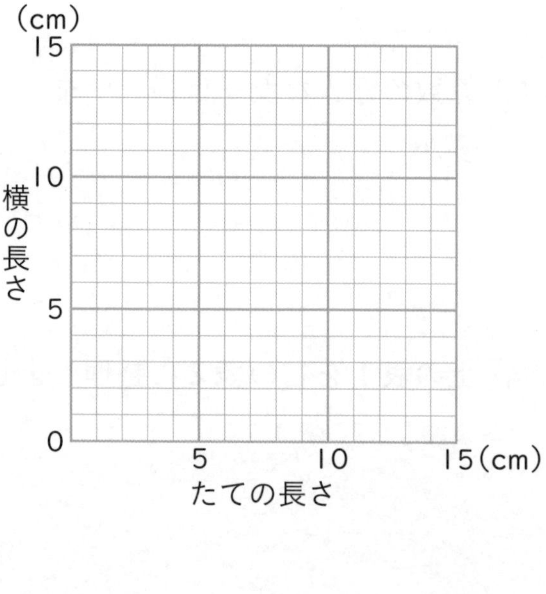

(4) たての長さを○ cm，横の長さを△ cm として，たての長さと横の長さの関係を表す式を書きましょう。(10点)

ふく習のポイント!
○と△の関係《かんけい》を表す式を考えるときは，
えん筆１本のねだん×本数＝代金 のように，ことばの式を使って考えてみましょう。

2 [数の組と表] **下の図のように，おはじきを正三角形にならべていきます。**

(1) 正三角形を１番目，２番目，…と大きくしていくと，おはじきの数はどのように変《か》わっていくか，下の表に表しましょう。(20点) 1つ2

正三角形の順番《じゅんばん》(番目)	1	2	3	4	5	6	7	8	9	10
おはじきの数(こ)	㋐	㋑	㋒	㋓	㋔	㋕	㋖	㋗	㋘	㋙

(2) 正三角形の順番を○番目，おはじきの数を△ことして，正三角形の順番とおはじきの数の関係《かんけい》を表す式を書きましょう。(8点)

(3) 正三角形の順番が15番目のときのおはじきの数は何こでしょう。

(8点)

(4) おはじきの数が69こになるのは，何番目でしょう。(8点)

9 角の大きさ

月　日

〈時間〉20分
〈合かく〉80点
〈とく点〉 /100

答え→別さつ8ページ

たいせつ **1** [分度器《ぶんどき》の角度] **次の㋐，㋑の角の大きさは何度ですか。**（10点）1つ5

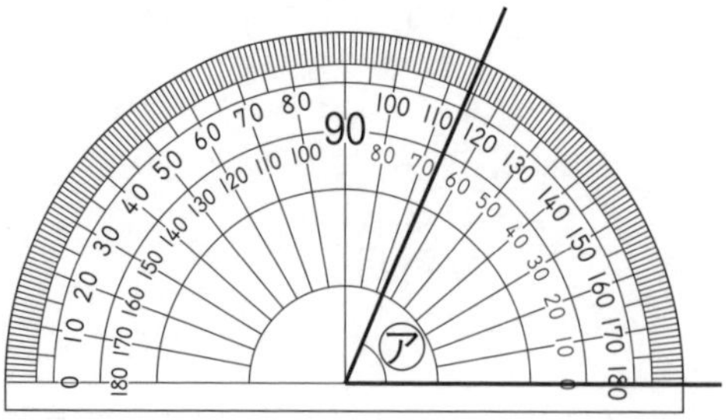

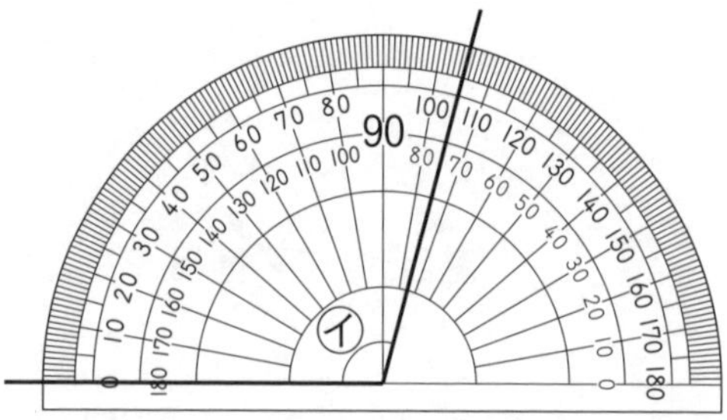

2 [分度器の使い方] **次の㋐〜㋒の角の大きさを分度器を使ってはかりましょう。**（15点）1つ5

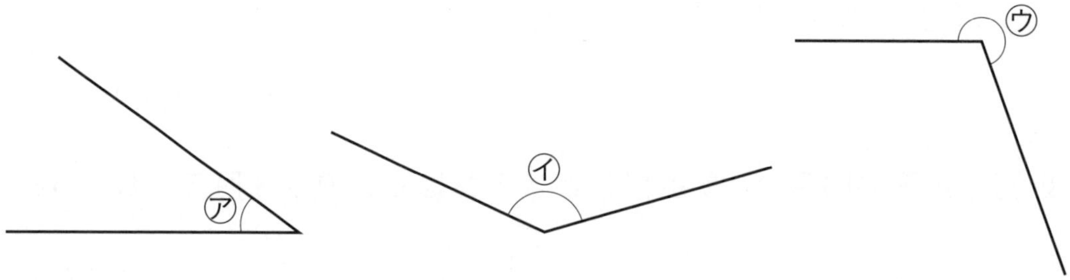

3 [角をかく] **次の大きさの角をかきましょう。**（15点）1つ5

(1) 40°　　(2) 130°　　(3) 200°

ふく習のポイント!

角の大きさの単位《たんい》は度(°)を使います。直角の大きさは 90° です。1 組の三角じょうぎの角の大きさは, 30°, 60°, 90° と, 45°, 45°, 90° です。

4 [三角じょうぎの角] **下の図は, 1 組の三角じょうぎを使って, いろいろな角をつくったものです。㋐～㋒の角の大きさは何度ですか。**

(18 点) 1 つ 6

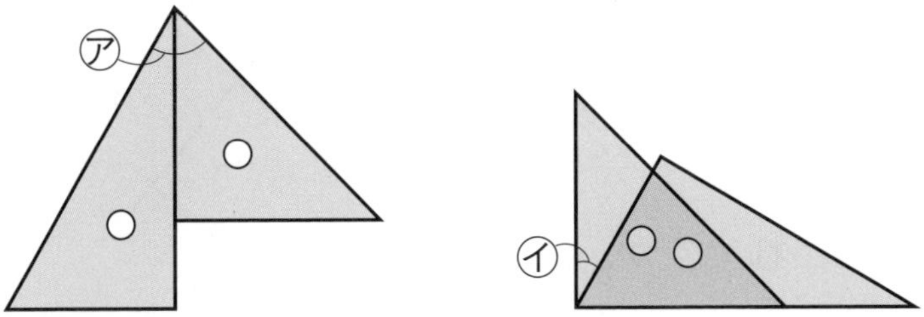

5 [時計のはりでつくる角] **次の時計で矢印《やじるし》をつけた角の大きさは何度ですか。**

(24 点) 1 つ 6

(1) (2) (3) (4)

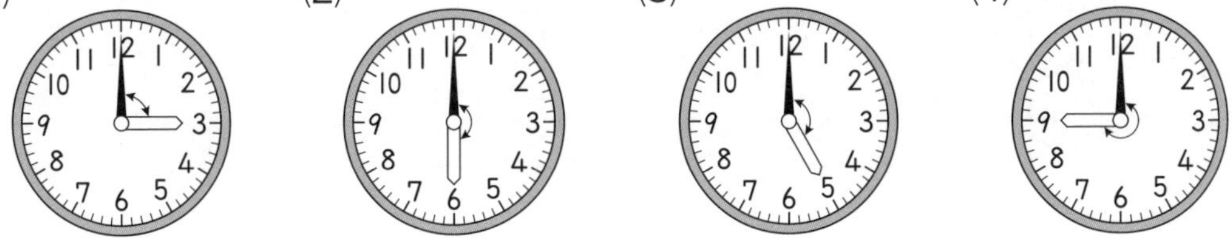

6 [角度の計算] **次の㋐～㋒の角の大きさを計算で求《もと》めましょう。**

(18 点) 1 つ 6

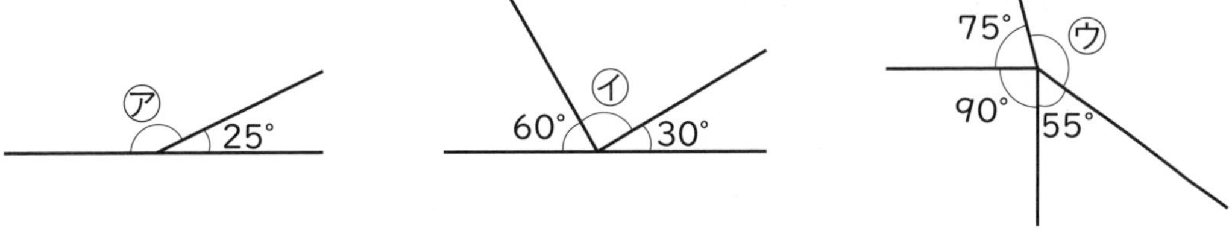

10 垂直《すいちょく》と平行，四角形

月　日

〈時間〉20分　〈合かく〉80点　〈とく点〉　/100

答え→別さつ8ページ

たいせつ **1** [垂直《すいちょく》と平行] **右の図を見て，記号で答えましょう。**（12点）1つ6

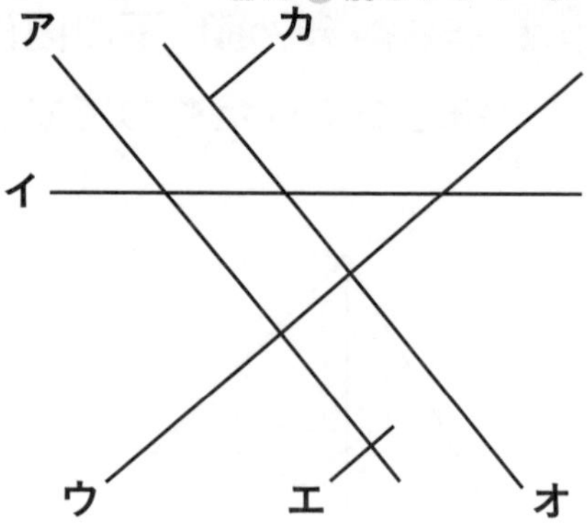

⑴ **オ**の直線に垂直な直線はどれですか。

⑵ **エ**の直線に平行な直線はどれですか。

2 [四角形の特《とく》ちょう] **次の四角形のうち，あとの問いにあてはまるものを記号で答えましょう。**（40点）1つ10

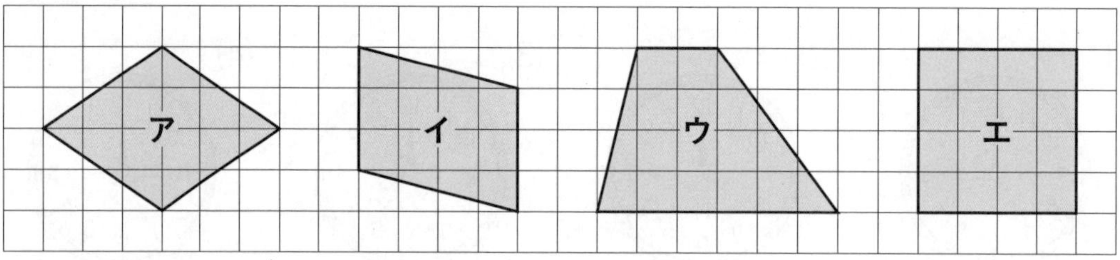

⑴ 向かい合った辺《へん》が１組だけ平行な四角形

⑵ 向かい合った辺が２組とも平行な四角形

⑶ ４つの辺の長さがみんな等しい四角形

⑷ ２本の対角線の長さが等しい四角形

ふく習のポイント！

１組の向かいあった辺《へん》が平行な四角形を台形，２組の向かいあった辺がどちらも平行な四角形を平行四辺形《へいこうしへんけい》といいます。また，４つの辺の長さがみんな等しい四角形をひし形といいます。

3 ［平行な直線と角］ **右の図で，①，②の直線は平行です。㋐，㋑の角度は何度ですか。**

（10 点）１つ５

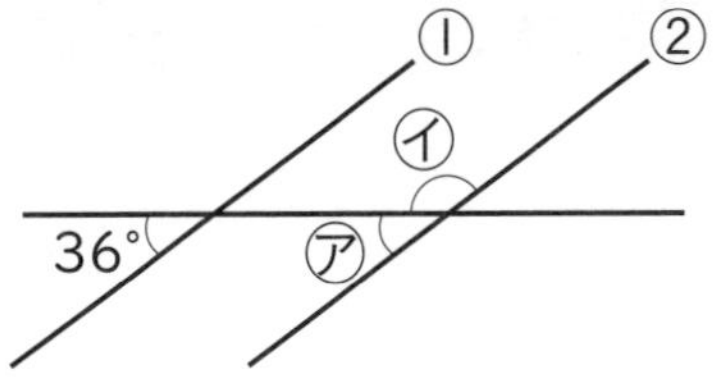

4 ［平行四辺形《へいこうしへんけい》］ **右の平行四辺形について，次の長さや角度を求《もと》めましょう。**

（12 点）１つ６

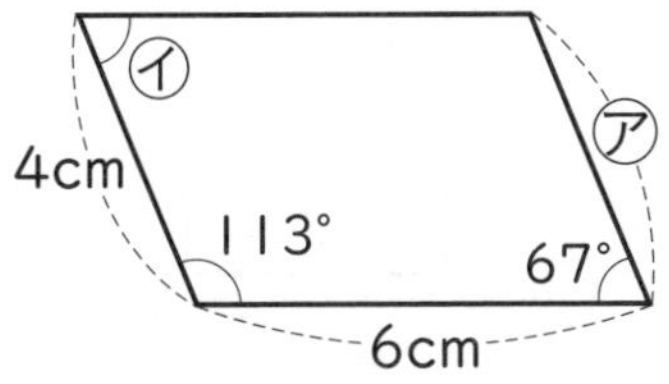

(1) ㋐の長さ　　(2) ㋑の角度

5 ［ひし形］ **右のひし形について，次の角度や長さを求めましょう。** （12 点）１つ６

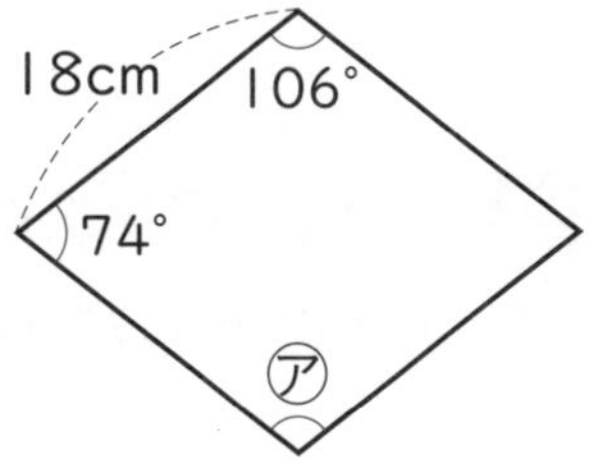

(1) ㋐の角度　　(2) まわりの長さ

6 ［四角形の作図］ **次の図形をかきましょう。** （14 点）１つ７

(1) 辺の長さが 2 cm，3 cm で，その間の角が 50° の平行四辺形

(2) 点ア，イを向かいあったちょう点とする，１辺が 2 cm のひし形

ア•　　　　•イ

11 面《めん》 積《せき》

月　日

〈時間〉20分

〈合かく〉80点

〈とく点〉　/100

答え→別さつ8ページ

たいせつ **1** [長方形，正方形の面積《めんせき》] **次の長方形や正方形の面積は何 cm^2 でしょう。** (15点) 1つ5

(1)

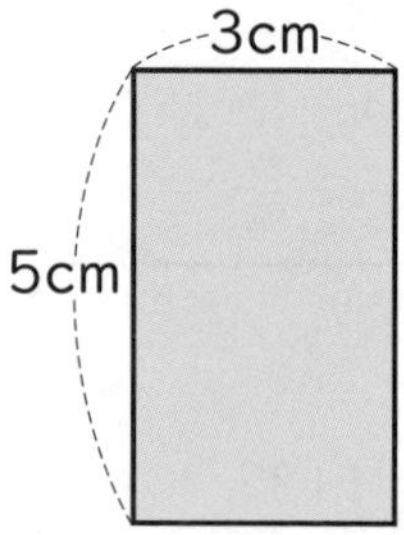

(2)

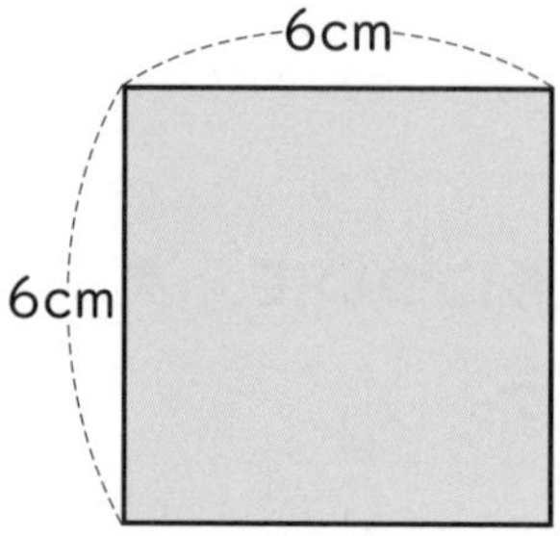

(3)

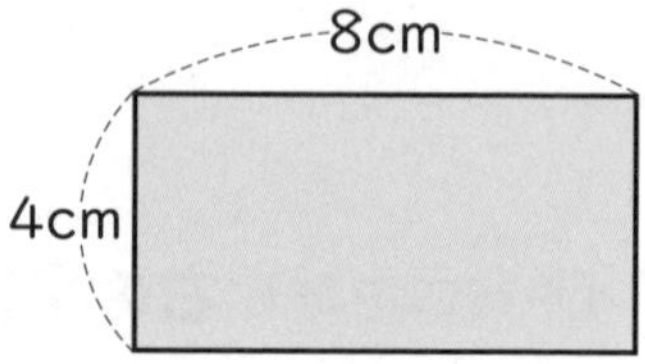

2 [大きな面積] **次の面積を求《もと》めましょう。** (21点) 1つ7

(1) 1辺の長さが4mの正方形の花だん

(2) たてが25m，横が12mの長方形のプール

(3) 南北3km，東西6kmの長方形の飛行場《ひこうじょう》

ふく習のポイント!

長方形の面積《めんせき》＝たて×横(横×たて)，正方形の面積＝1辺《ぺん》×1辺
1辺が 1 cm の正方形の面積は $1\ cm^2$ です。$1\ m^2 = 10000\ cm^2$，
$1\ km^2 = 1000000\ m^2$，$1\ a = 100\ m^2$，$1\ ha = 10000\ m^2$ です。

たいせつ

3 ［単位《たんい》］ □ にあてはまる数を書きましょう。（16 点）1 つ 4

(1) $5\ m^2 =$ □ cm^2　　(2) $600\ m^2 =$ □ a

(3) $7\ km^2 =$ □ m^2　　(4) 3 ha ＝ □ m^2

4 ［たて・横の長さ］ 面積《めんせき》が $36\ m^2$ の長方形の空き地があります。

（18 点）1 つ 9

(1) たてが 4 m のとき，横は何 m になりますか。

(2) 横が 3 m のとき，たては何 m になりますか。

たいせつ

5 ［図形の面積］ 次の図の色のついた部分の面積は何 cm^2 でしょう。

（30 点）1 つ 10

(1)

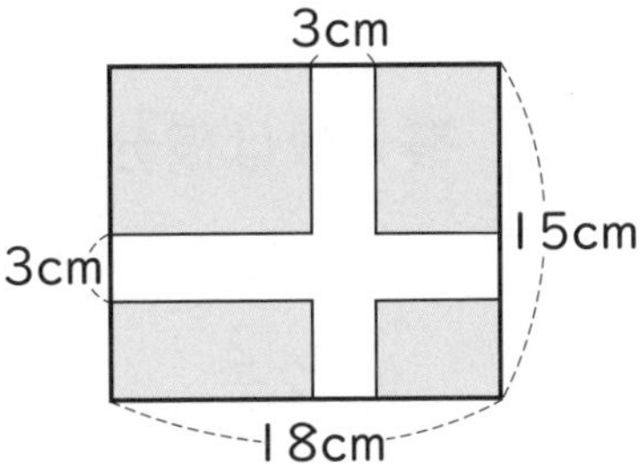

(2)

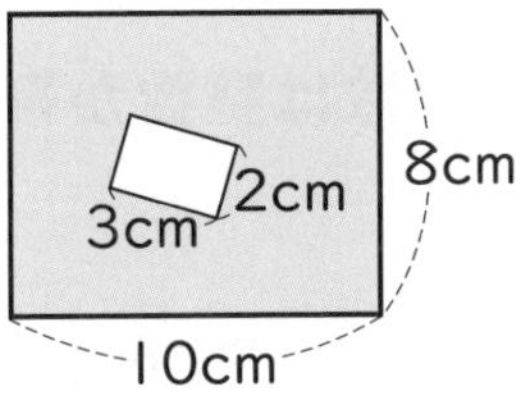

(3)

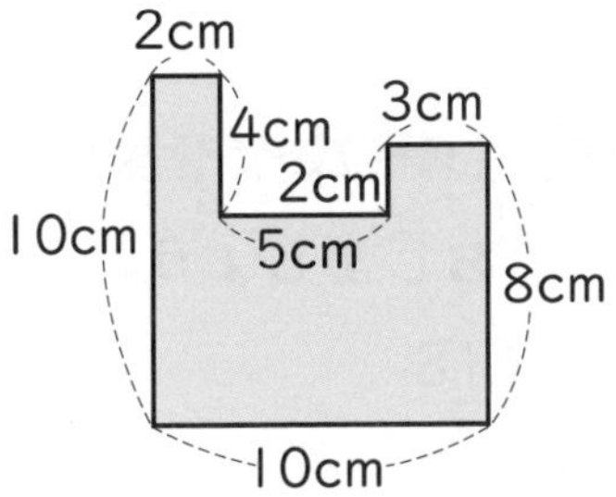

12 分　数

月　日

〈時間〉20分　〈合かく〉80点　〈とく点〉　/100

答え→別さつ9ページ

1 [数としての分数] **次の分数は $\frac{1}{7}$ を何こ集めた数でしょう。**（8点）1つ2

(1) $\frac{3}{7}$　　(2) $\frac{8}{7}$　　(3) 1　　(4) $1\frac{2}{7}$

たいせつ **2** [真分数・仮分数《かぶんすう》・帯分数《たいぶんすう》] **次の分数を，真分数，仮分数，帯分数に分けましょう。**（6点）

ア $\frac{1}{2}$　イ $\frac{7}{3}$　ウ $3\frac{1}{6}$　エ $\frac{9}{8}$　オ $\frac{8}{9}$　カ $\frac{4}{4}$

3 [分数の大小] **次の分数を大きい順《じゅん》にならべましょう。**（8点）1つ4

(1) $\frac{7}{6}$　$2\frac{1}{6}$　$\frac{3}{6}$　$1\frac{3}{6}$

(2) $\frac{1}{5}$　$\frac{1}{12}$　$\frac{1}{3}$　$\frac{1}{7}$

たいせつ **4** [仮分数・帯分数] **次の仮分数は整数か帯分数に，帯分数は仮分数になおしましょう。**（8点）1つ2

(1) $\frac{18}{5}$　　(2) $\frac{7}{7}$　　(3) $1\frac{1}{3}$　　(4) $2\frac{2}{5}$

ふく習のポイント！

$\frac{2}{3}$ の３を分母，２を分子といいます。分子が同じとき，分母が小さいほど分数は大きくなります。分母が同じ分数のたし算・ひき算は，分子だけをたしたり，ひいたりします。

5 ［分数のたし算］ **次のたし算をしましょう。**（30点）１つ５

(1) $\frac{2}{4}+\frac{3}{4}$　(2) $\frac{4}{9}+\frac{5}{9}$　(3) $\frac{6}{11}+\frac{7}{11}$

(4) $1\frac{3}{5}+\frac{1}{5}$　(5) $\frac{4}{8}+2\frac{5}{8}$　(6) $3\frac{2}{6}+1\frac{1}{6}$

6 ［分数のひき算］ **次のひき算をしましょう。**（30点）１つ５

(1) $\frac{9}{7}-\frac{3}{7}$　(2) $\frac{15}{13}-\frac{8}{13}$　(3) $1-\frac{3}{5}$

(4) $2\frac{3}{6}-\frac{2}{6}$　(5) $3\frac{1}{4}-\frac{3}{4}$　(6) $4\frac{7}{9}-2\frac{4}{9}$

7 ［分数を使った問題］ **むぎ茶がコップに $\frac{5}{8}$ L，びんに $1\frac{1}{8}$ L入っています。**（10点）１つ５

(1) むぎ茶は，あわせて何Lありますか。

(2) どちらが何L多く入っていますか。

13 直方体と立方体

月　日

〈時間〉20分　〈合かく〉80点　〈とく点〉/100

答え→別さつ10ページ

たいせつ **1** ［直方体］ **右の直方体を見て，□にあてはまる数を書きましょう。**（10点）1つ5

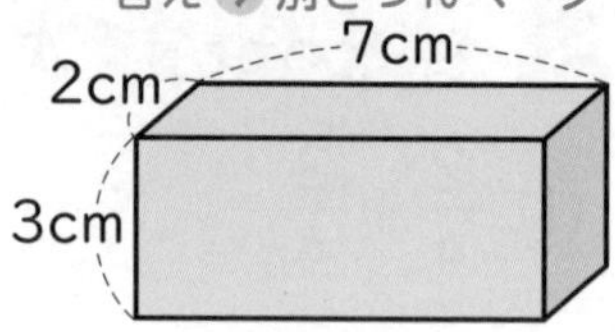

(1) 形も大きさも同じ面は，□つずつ，□組あります。

(2) 長さの等しい辺《へん》は，□つずつ，□組あります。

2 ［立方体］ **立方体について，下の表のあいているところにことばや数を書いて，表を完成《かんせい》させましょう。**（20点）1つ5

面の形	面の数	辺の数	ちょう点の数

3 ［てん開図］ **右のてん開図を見て，次の問いに答えましょう。**（18点）1つ6

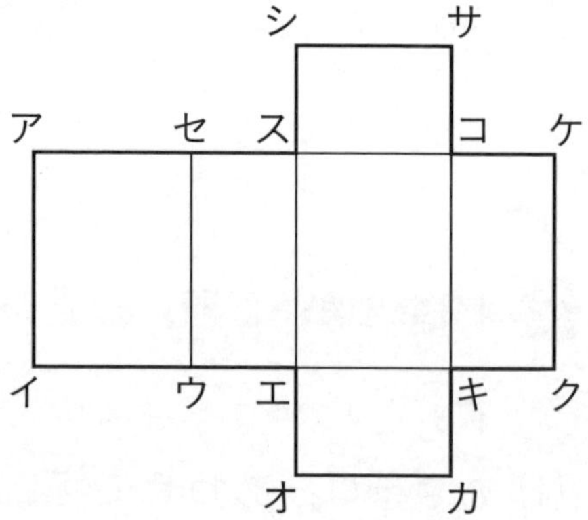

(1) 組み立てたときに，点セと重なる点はどれですか。

(2) 組み立てたときに，辺イウと重なる辺はどれですか。

(3) このてん開図を組み立てると，何という形ができますか。

ふく習のポイント！

長方形だけで囲《かこ》まれた形や，長方形と正方形で囲まれた形を直方体といい，正方形だけで囲まれた形を立方体といいます。また，直方体などの全体の形がわかるようにかいた図を，見取図《みとりず》といいます。

4 ［面や辺《へん》の垂直《すいちょく》・平行］ **右の直方体を見て，次の問いに答えましょう。** （24点）1つ6

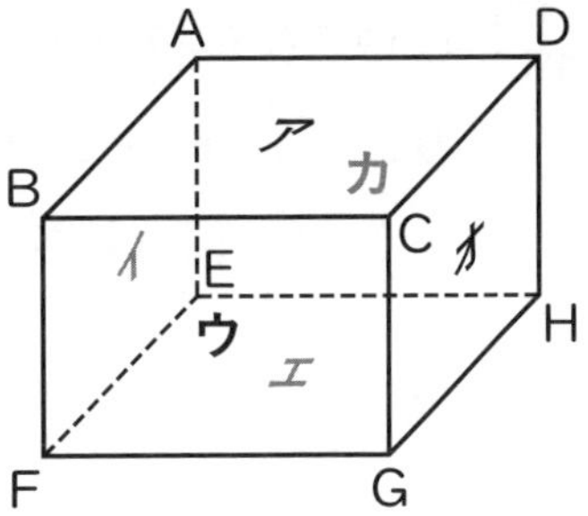

(1) 面**ウ**に平行な面はどれですか。

(2) 面**ア**に垂直な面はどれですか。

(3) 辺CDに垂直な面はどれですか。

(4) 面**オ**に平行な辺はどれですか。

5 ［見取図《みとりず》］ **下の直方体の見取図を完成《かんせい》させましょう。** （12点）1つ6

(1)

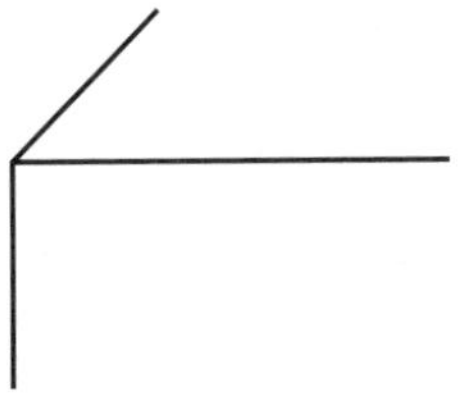

(2)

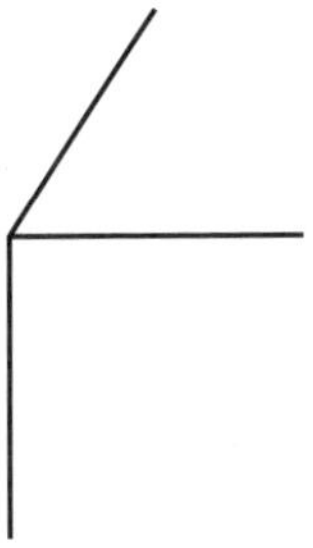

6 ［位置《いち》の表し方］ **右の直方体で，ちょう点Aをもとにしたとき，次の位置にあるちょう点を答えましょう。** （16点）1つ8

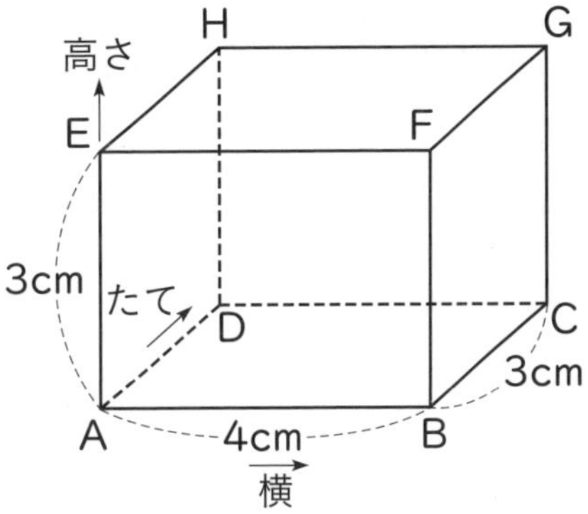

(1) （横 4 cm，たて 3 cm，高さ 3 cm）

(2) （横 0 cm，たて 3 cm，高さ 0 cm）

14 問題の考え方

月　日

〈時間〉25 分

〈合かく〉80 点

〈とく点〉 /100

答え→別さつ10ページ

たいせつ

1 [かさのちがいとテープ図] 兄の水とうには 29 dL，弟の水とうには 23 dL のお茶が入っています。2人の水とうのお茶のかさを同じにするには，兄が弟に何 dL あげればよいでしょう。（15 点）

2 [長さの和とテープ図] たてが 8 cm，横が 12 cm の長方形があります。この長方形を，まわりの長さを変《か》えないようにして，正方形にします。正方形の 1 辺《ぺん》の長さは何 cm になるでしょう。（15 点）

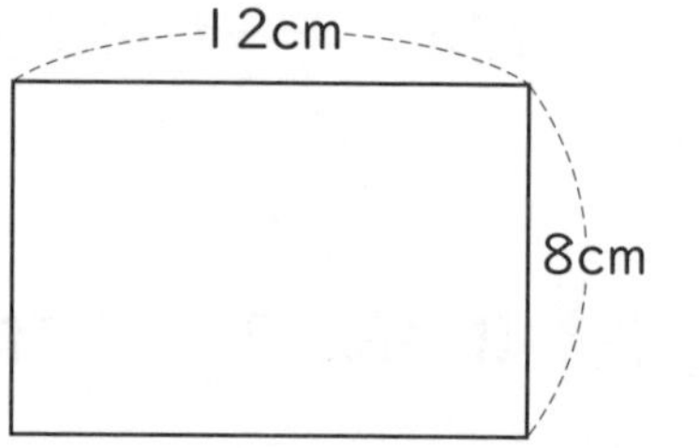

3 [÷，＋を順《じゅん》にもどして] 子ども会が，えん筆を 12 人に同じ数ずつ配りました。ふみやさんは，家にある 5 本のえん筆とあわせると 13 本になりました。子ども会はぜんぶで何本のえん筆を配ったでしょう。

（15 点）

ふく習のポイント!

まず，問題をよく読んで，何を答えるのかをまちがえないようにします。共通部分《きょうつうぶぶん》を考える問題では，たとえば代金のちがいはどの商品の何こ分にあたるのかを考えます。

4 ［まほうじん］**下の表のように，正方形のマスに数をならべて，たて，横，ななめの３つの数の和がぜんぶ同じになるようにします。**

(1) たて，横，ななめにならんだ３つの数の和は，いくつになりますか。（8 点）

㋐	13	㋑
7	8	㋓
㋒	3	10

(2) ㋐～㋓にあてはまる数を書きましょう。

（12 点）1 つ 3

5 ［共通《きょう つう》部分と代金のちがい］**兄と弟は，おかしとジュースを買いに行きました。兄はおかしを２ことジュースを２本買って 320 円，弟は兄と同じおかしを２こと同じジュースを１本買って 220 円でした。おかし１こ，ジュース１本のねだんはそれぞれいくらでしょう。**（15 点）

6 ［共通部分と重さのちがい］**大小２種類《しゅるい》のおもりがあります。大３こと小６こで 21 kg，大３こと小４こで 17 kg になります。大１こ，小１この重さはそれぞれ何 kg でしょう。**（20 点）

15 仕上げテスト

月　日

〈時間〉30 分

〈合かく〉80 点

〈とく点〉　/100

答え→別さつ11ページ

1 [大きな数] **次の数を数字で書きましょう。**（9 点）1 つ 3

(1) 1 億《おく》を 4 こ，1 万を 63 こあわせた数

(2) 7000 億を 10 倍した数

(3) 3 兆《ちょう》を 10 でわった数

2 [小数の計算] **次の計算をしましょう。**（18 点）1 つ 3

(1)
$$\begin{array}{r} 3.72 \\ +\ 1.69 \\ \hline \end{array}$$

(2)
$$\begin{array}{r} 0.53 \\ +\ 4.78 \\ \hline \end{array}$$

(3)
$$\begin{array}{r} 8.13 \\ -\ 5.46 \\ \hline \end{array}$$

(4)
$$\begin{array}{r} 4 \\ -\ 0.07 \\ \hline \end{array}$$

(5)
$$\begin{array}{r} 18.3 \\ \times\ \ \ 6 \\ \hline \end{array}$$

(6)
$$\begin{array}{r} 0.29 \\ \times\ \ 45 \\ \hline \end{array}$$

3 [がい数] **次の数を，四捨五入《ししゃごにゅう》して，〔　〕の中のがい数で表しましょう。**

（6 点）1 つ 3

(1) 199281〔千の位《くらい》まで〕

(2) 7873205〔上から 2 けた〕

4 ［わり算］ **(1)〜(3)は，わり切れるまで計算しましょう。(4)〜(6)は，商は一の位《くらい》まで求《もと》めて，あまりも出しましょう。** (18点) 1つ3

(1) $6\overline{)\,438}$

(2) $32\overline{)\,672}$

(3) $32\overline{)\,4}$

(4) $7\overline{)\,96}$

(5) $41\overline{)\,499}$

(6) $37\overline{)\,52.1}$

5 ［角度の計算］ **次の㋐，㋑の角の大きさを計算で求めましょう。**

(6点) 1つ3

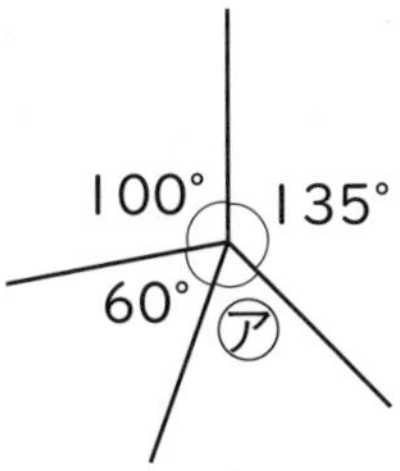

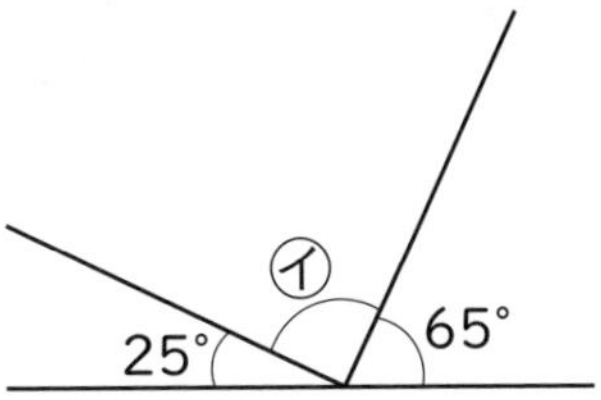

6 ［分数の計算］ **次の計算をしましょう。** (18点) 1つ3

(1) $\frac{3}{6}+\frac{5}{6}$

(2) $\frac{6}{5}+\frac{3}{5}$

(3) $\frac{2}{4}+1\frac{3}{4}$

(4) $\frac{9}{8}-\frac{5}{8}$

(5) $2-\frac{1}{3}$

(6) $3\frac{3}{4}-2\frac{2}{4}$

7 ［面積《めんせき》］ **右の図の面積は何 cm^2 でしょう。**（4点）

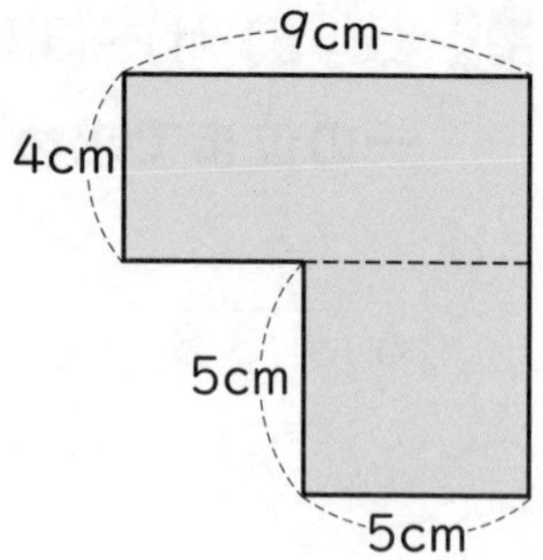

8 ［対角線］ **次の図のように，⑴，⑵は中心が同じ２つの円で⑶は１つの円です。直径《ちょっけい》のはしをア，イ，ウ，エ，アの順《じゅん》につないでいくと，どんな四角形ができますか。**（9点）1つ3

⑴

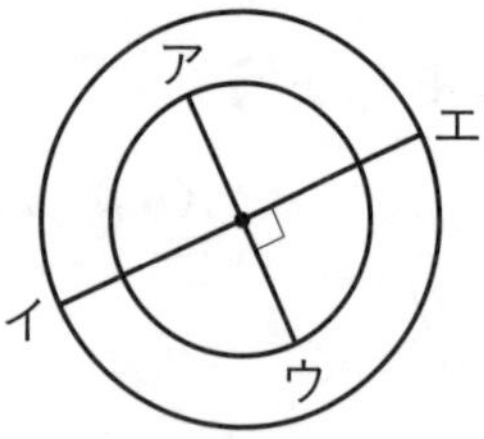

⑵

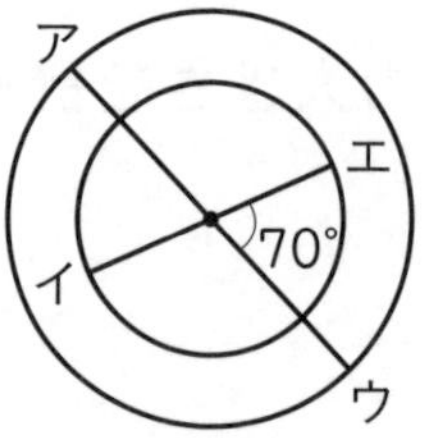

⑶

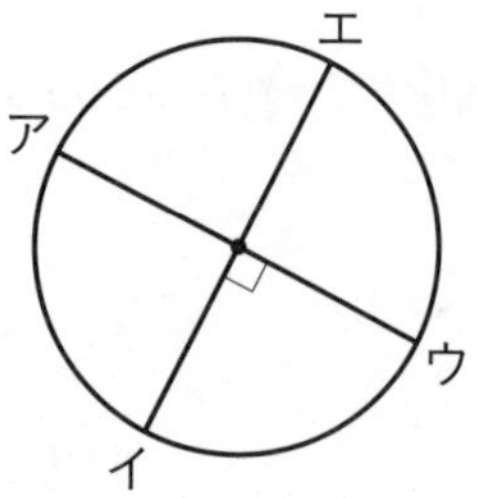

9 ［面や辺《へん》の垂直《すいちょく》・平行］ **右の直方体を見て，次の問いに答えましょう。**（12点）1つ3

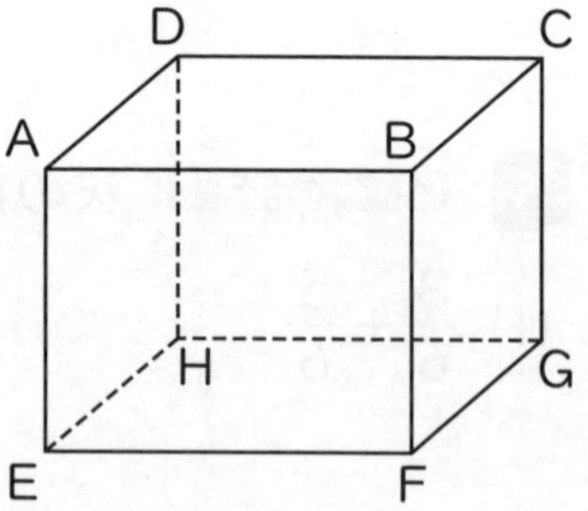

⑴ 辺 AB に垂直な辺はどれですか。

⑵ 辺 AB に平行な辺はどれですか。

⑶ 面 AEHD に平行な面はどれですか。

⑷ 面 AEHD に垂直な辺はどれですか。

社会

はじめに

４年生の社会では，日本の47の都道府県《とどうふけん》のうち，自分たちの県を中心に学習します。住みよいくらしのために，水や電気，ガスがどのようにしてわたしたちの家までとどけられているのか，毎日出るごみはどのようにしてしまつされているのかを学習します。また，わたしたちの命をおびやかす自然災害《しぜんさいがい》からどのようにして身を守るのかについても学びます。わたしたちのくらす県に昔から伝《つた》わる行事や，これからの社会に向けての国際《こくさい》交流についても学習します。

1 都道府県《とどうふけん》の位置《いち》

月　日

〈時間〉20分　〈合かく〉80点　〈とく点〉 /100

答え→別さつ12ページ

たいせつ **1** ［都道府県の名しょうと位置］ **次の地図を見て，あとの問いに答えましょう。**

⑴ 地図中の①～⑤は，県名と県庁所在《けんちょうしょざい》地名《ちめい》がことなる県です。①～⑤の県庁所在地名を答えましょう。（25点）1つ5

①（　　　　市）
②（　　　　市）
③（　　　　市）
④（　　　　市）
⑤（　　　　市）

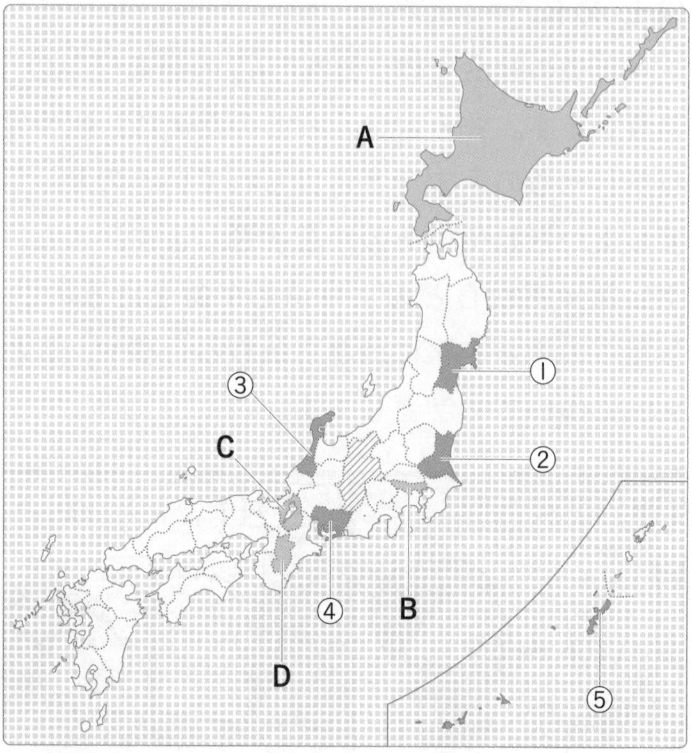

⑵ 地図中に▨で示した県は，都道府県の中で最《もっと》も多くの県ととなり合っています。この県の名まえを答えましょう。（5点）

（　　　　県）

⑶ 次の文は，地図中の**A**～**D**の都道府県について説明《せつめい》したものです。**A**～**D**にあてはまるものを**ア**～**エ**から選《えら》び，記号で答えましょう。

A（　　）**B**（　　）**C**（　　）**D**（　　）（20点）1つ5

ア 日本の北に位置し，都道府県の中で，最も面積《めんせき》が大きい。

イ 「近畿《きんき》地方の水がめ」といわれる琵琶湖《びわこ》が，県の面積の約《やく》6分の1をしめている。

ウ 海に面していない県で，寺や神社，文化ざいが多く，観光《かんこう》客が集まる。

エ 日本の首都で，政治《せいじ》や経済《けいざい》の中心である。

ふく習のポイント！

となりあっている都道府県《とどうふけん》の位置《いち》は，八方位《ほうい》によって表すことができます。八方位とは，東・西・南・北に，北東・南東・南西・北西を加《くわ》えた方位のことをいいます。

2 ［県庁所在地《けんちょうしょざいち》，位置の表し方］ **次の地図を見て，あとの問いに答えましょう。**

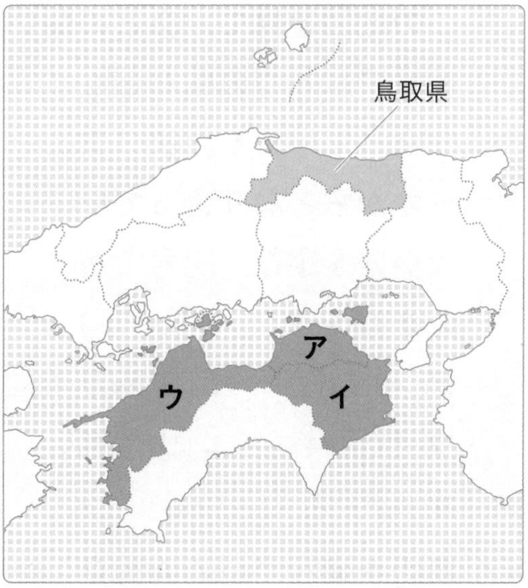

(1) 地図中の**ア**～**ウ**の県名と県庁所在地名の組み合わせとして，まちがっているものを１つ選《えら》び，記号で答えましょう。（5点）

（　　　）

ア 県名：香川《かがわ》県
　県庁所在地名：高松《たかまつ》市
イ 県名：徳島《とくしま》県
　県庁所在地名：徳島市
ウ 県名：愛媛《えひめ》県
　県庁所在地名：松江《まつえ》市

(2) 次の文は，鳥取《とっとり》県について説明《せつめい》したものです。この文中の(　)にあてはまることばを，あとの**ア**～**キ**から選び，それぞれ記号で答えましょう。（20点）1つ5

①（　　　）　②（　　　）　③（　　　）　④（　　　）

鳥取県の西には(①)県，南には(②)県，東には(③)県があります。そして，鳥取県から見て広島《ひろしま》県は(④)の方位にあります。

ア 兵庫《ひょうご》　**イ** 岡山《おかやま》　**ウ** 島根《しまね》
エ 南西　**オ** 南東　**カ** 北西　**キ** 北東

3 ［日本の都道府県］ **日本には全部でいくつの都道府県がありますか。また，都道府県がそれぞれいくつあるか答えましょう。**（25点）1つ5

都道府県の数（　　　）
都の数（　　　）　道の数（　　　）
府の数（　　　）　県の数（　　　）

2 わたしたちの県のようす

月　日

〈時間〉20分　〈合かく〉80点　〈とく点〉　/100

答え→別さつ12ページ

たいせつ **1** [宮城《みやぎ》県のようす] **次の地図は，宮城県とそのまわりをしめしています。この地図を見て，あとの問いに答えましょう。**(50点)1つ10

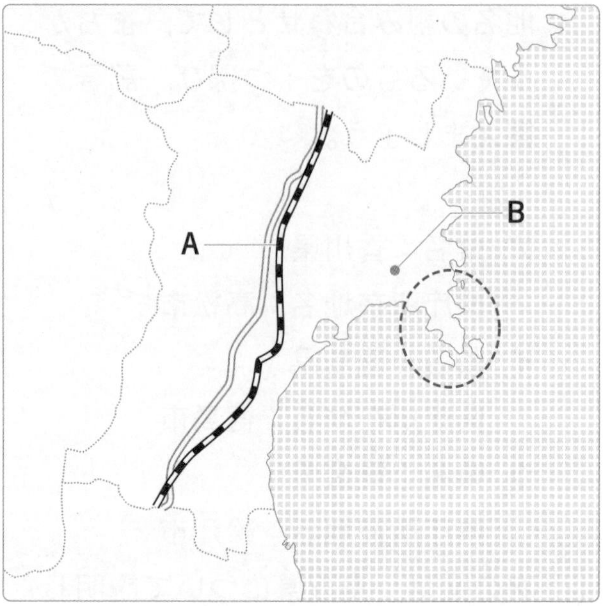

(1) 宮城県は４つの県ととなり合っています。次の**ア**～**オ**からとなり合っていない県を選《えら》び，記号で答えましょう。(　　)

ア 福島《ふくしま》県　**イ** 青森《あおもり》県

ウ 秋田《あきた》県　**エ** 山形《やまがた》県

オ 岩手《いわて》県

(2) 県内を通っている**A**の新《しん》幹線《かんせん》の名まえを答えましょう。(　　)

(3) (点線の円)の地いきの湾《わん》でさかんな，かきやわかめを大きくなるまで育てて出荷する漁業《ぎょぎょう》を何といいますか。(　　)

(4) 宮城県の県庁所在地《けんちょうしょざいち》には城《しろ》があります。この城の名まえを，次から選び，記号で答えましょう。(　　)

ア 大阪城《おおさかじょう》　**イ** 姫路城《ひめじじょう》　**ウ** 熊本城《くまもとじょう》　**エ** 青葉城《あおばじょう》

(5) **B**は，昔からこう水が多かった登米《とめ》市の米山《よねやま》町です。この地いきでは，どのような場所に家が建《た》てられましたか。右の図を見て，正しいものを次から選び，記号で答えましょう。(　　)

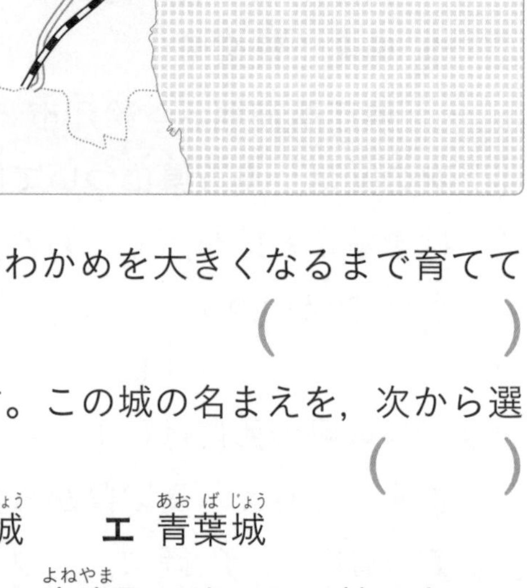

ア 小高いところ

イ 水田より低《ひく》いところ

ウ 川と同じ高さのところ

ふく習のポイント!

宮城《みやぎ》県には，東北《とうほく》自動車道と東北新幹線《しんかんせん》が通っています。福岡《ふくおか》県には筑後《ちくご》川が流れ，筑紫《つくし》平野が広がっています。東峰《とうほう》村では，昔から伝《つた》わる小石原焼《こいしわらやき》づくりがさかんです。

2 ［福岡県のようす］ **福岡県のようすについて，次の問いに答えましょう。**

(1) 地図について説明《せつめい》した次の文の(　)にあてはまることばを，あとの**ア**～**エ**から選《えら》び，それぞれ記号で答えましょう。(30点) 1つ10

県の南側《みなみがわ》には(①　　)という大きな平野があります。この平野を流れる川は(②　　)で，県を東西に流れています。また，県の南西側は(③　　)に面しています。

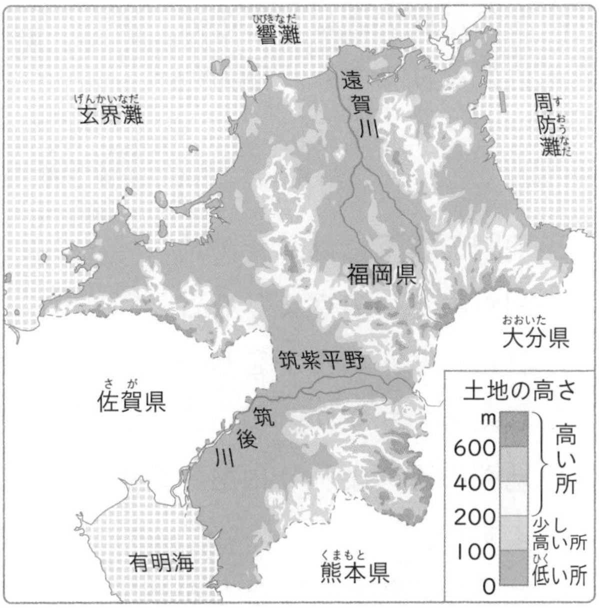

ア 有明《ありあけ》海　　**イ** 筑紫平野　　**ウ** 遠賀《おんが》川　　**エ** 筑後川

(2) 福岡県と外国との結《むす》びつきを知りたいとき，何について調べるとよいですか。次から選び，記号で答えましょう。(10点)　(　　)

ア 県の人口
イ 飛行機《ひこうき》で行き来のある国
ウ 農産物《のうさんぶつ》の生産量《せいさんりょう》

(3) 右の資料《しりょう》からわかることとして，正しくないものを次から選び，記号で答えましょう。(10点)　(　　)

ア 昔から伝わるものを大切にしている。
イ 地いきの特色《とくしょく》やよさを見直していない。
ウ 地いきの特色を生かしたまちづくりをしている。

福岡県の東峰村調べ
① 山のしゃ面にたな田をつくり，米づくりをしている。
② 小石原焼のよさを伝える民陶《みんとう》むら祭を開いている。

3 地図の見方

月　日

〈時間〉20分　〈合かく〉80点　〈とく点〉　/100

答え → 別さつ12ページ

1 [土地図のきまり] **次の地図を見て，あとの問いに答えましょう。**（20点）1つ5

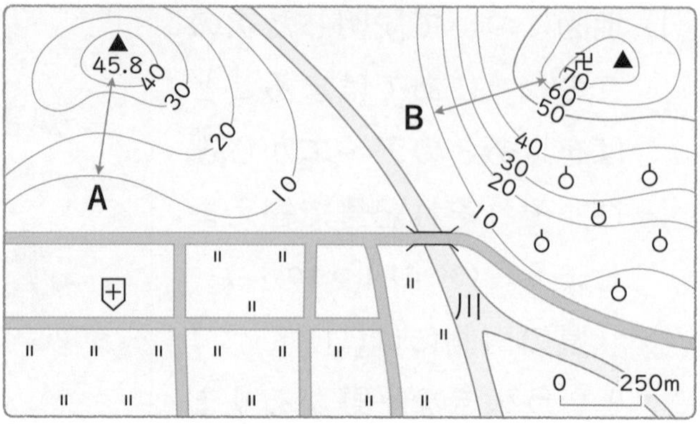

(1) 右の地図の上は，どの方《ほう》位《い》になりますか。四方位で答えましょう。（　　）

(2) 地図の右下には，その地図が実さいのきょりをどれだけちぢめたかをしめしたものがかかれています。何といいますか。（　　）

(3) 地図の▲のまわりにある線のように，同じ高さを結《むす》んだ線を何といいますか。（　　）

(4) 地図の説明《せつめい》としてまちがっているものを次から選《えら》び，記号で答えましょう。（　　）

ア 病院から見て北東の方角に寺がある。

イ この地いきでは，米づくりが行われている。

ウ 寺がある山のしゃ面には，くだもの畑がある。

エ **A**と**B**では，**A**の方がけいしゃが急である。

2 [土地図記号] **次の地図記号が表すものをそれぞれ答えましょう。**

（30点）1つ5

(1) 
（　　）

(2) 
（　　）

(3) 
（　　）

(4) 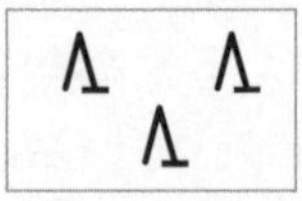
（　　）

(5) 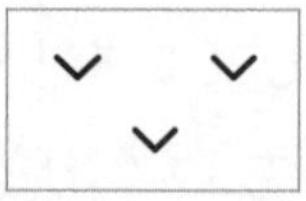
（　　）

(6) 
（　　）

ふく習のポイント！

しゅくしゃくとは，実さいのきょりをちぢめたわりあいです。しゅくしゃくの分母が大きいと広いはんいを表すことができ，小さいとせまいはんいをくわしく表すことができます。

3 [地図で表されるきょり] **25000 分の 1 の地図と，50000 分の 1 の地図をくらべます。次の問いに答えましょう。**（20 点）1 つ 10

(1) 地図上での 1 cm をくらべたとき，実さいのきょりが長いのはどちらですか。（　　　　　分の 1 の地図）

(2) 地図を見たとき，建物《たてもの》や道のようすが，よりくわしくわかるのはどちらですか。（　　　　　分の 1 の地図）

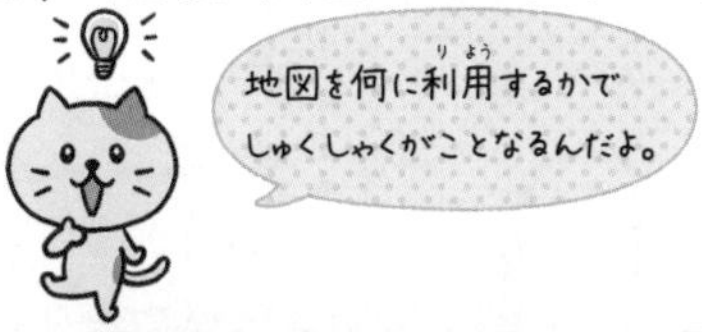

4 [地図の見方] **次の地図を見て，あとの問いに答えましょう。**

(1) 地図を説明《せつめい》した次の文の(　)にあてはまることばを，あとから選《えら》び，記号で答えましょう。（12 点）1 つ 6

①（　　　）②（　　　）

かなこさんが駅から病院に向かって歩いていくとき，右手の方には(①)，左手の方には(②)が見えます。

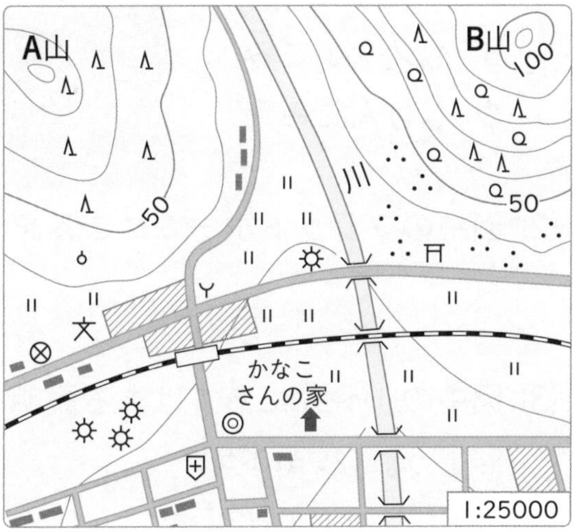

ア 郵便局《ゆうびんきょく》　**イ** 市役所　**ウ** 工場　**エ** けいさつしょ

(2) かなこさんの家から見た駅の方位《ほうい》を，八方位で答えましょう。（6 点）

（　　　）

(3) A 山と B 山をくらべると，どちらの方が約《やく》何 m 高いですか。次から選び，記号で答えましょう。（6 点）（　　　）

ア A 山の方が約 10 m 高い。　**イ** A 山の方が約 30 m 高い。

ウ B 山の方が約 10 m 高い。　**エ** B 山の方が約 30 m 高い。

(4) 上の地図上で，けいさつしょから駅までは 2 cm です。実さいのきょりは何 m ですか。（6 点）（　　　　　m）

4 住みよいくらし ①

月	日
〈時間〉20分	〈とく点〉
〈合かく〉80点	/100

答え → 別さつ12ページ

1 [せいそう工場] **次の図は，せいそう工場のようすをしめしたものです。この図を見て，あとの問いに答えましょう。**

(1) 図のようにしょりされるごみを次から選《えら》び，記号で答えましょう。(5点)

(　　)

ア もえるごみ

イ もえないごみ

ウ しげんごみ

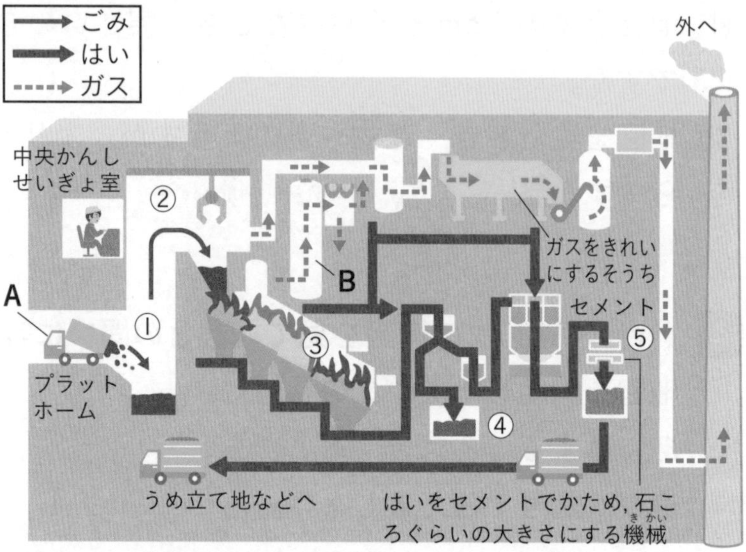

(2) 図中のプラットホームにごみを運んでくる**A**の車を何といいますか。

(　　　　　) (8点)

(3) 図中の①～⑤にあてはまる説明《せつめい》を次から選び，それぞれ記号で答えましょう。(25点) 1つ5

①(　　) ②(　　) ③(　　) ④(　　) ⑤(　　)

ア はいをセメントで固《かた》める。

イ ごみをためる。

ウ ごみをもやす。

エ クレーンでごみをろへうつす。

オ はいの中の鉄を取り出し，ふたたび利用《りよう》する。

(4) 図中の**B**では，ごみをもやした熱《ねつ》を利用して水をあたためています。この水はどのように利用されますか。例《れい》を1つ書きましょう。(10点)

(　　　　　　　　　　)

ふく習のポイント！

しゅう集車で集められたごみのうち，もえるごみはせいそう工場でもやされ，もえないごみは鉄やアルミを選《えら》び取ったあと，うめ立て場でうめ立てられます。鉄やアルミはリサイクルされます。

2 [ごみの分類《ぶんるい》] **次のごみは，家から出たものです。もえるごみには◎，もえないごみには○，しげんになるごみには△，そ大ごみには□をつけましょう。**(32点) 1つ4

(1) 紙くず・木くず (　　　)　　(2) ガラスびん (　　　)

(3) たんす (　　　)　　(4) 野菜《やさい》くず (　　　)

(5) くぎ・ねじ (　　　)　　(6) 古新聞 (　　　)

(7) ペットボトル (　　　)　　(8) 空きかん (　　　)

3 [ごみのしまつのうつりかわり] **ごみのしまつについて，次の問いに答えましょう。**

(1) 次の文は，いろいろな時代のごみのしょり方法《ほうほう》です。これらの文を古い順《じゅん》にならべかえましょう。(5点) (　　→　　→　　)

ア ごみを細かく種類《しゅるい》ごとに分けて出すようになった。

イ 空き地でもやしたり，あなをほってうめたりしていた。

ウ 市や町，村がしゅう集車でごみを集めてしょりするようになった。

(2) 次の文は(1)の**ア**～**ウ**のいずれかの時代についてのべたものです。それぞれあてはまる時代を**ア**～**ウ**から選び，記号で答えましょう。

(10点) 1つ5

① 不《ふ》えいせいで，病気が発生する心配があった。 (　　)

② ごみをへらすために，リサイクルが行われるようになった。 (　　)

4 [ごみをへらすくふう] **ごみをへらすくふうとして，まちがっているものを次から選び，記号で答えましょう。**(5点) (　　)

ア 買い物には，買い物ぶくろを持って行くようにする。

イ 日用品などはつめかえて使えるものを買うようにする。

ウ もやせるごみは，家の庭でもやすようにする。

5 住みよいくらし ②

月　日

〈時間〉20分　〈合かく〉80点　〈とく点〉 /100

答え→別さつ13ページ

1 ［じょう水場］ **次の図は，じょう水場のしくみをしめしたものです。この図を見て，あとの問いに答えましょう。**

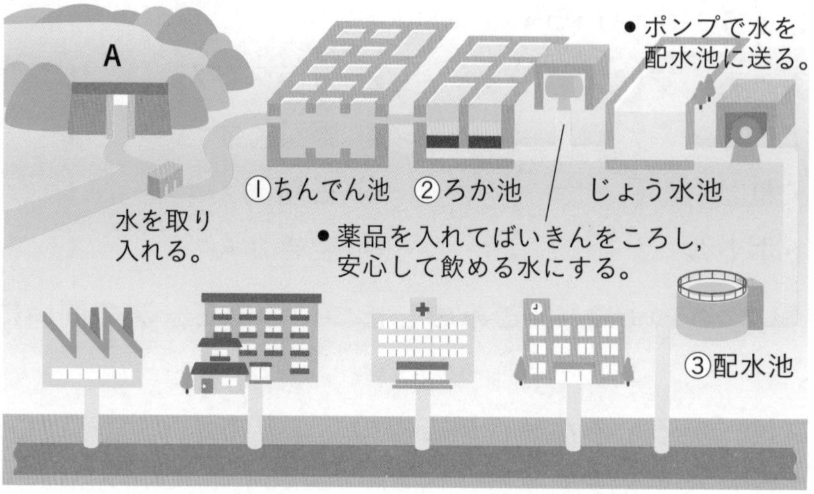

⑴ 図中の**A**は，水をせき止めるために，川の上流につくられるしせつです。このしせつを何といいますか。（10点）　（　　　）

⑵ 図中の①～③の説明《せつめい》にあてはまるものを次から選《えら》び，それぞれ記号で答えましょう。（30点）1つ10

①（　　）②（　　）③（　　）

ア ちんでん池でしずまなかった小さなごみを，すなのそうでこし，きれいな水にする。

イ 薬品を入れ，水の中のにごりや小さなごみを，かたまりにしてしずめる。

ウ きれいになった水をためておき，その水を家庭や学校，工場などへ送り出す。

⑶ じょう水場の機械《きかい》が動いている時間として正しいものを次から選び，記号で答えましょう。（10点）　（　　）

ア 朝　　**イ** 昼間　　**ウ** 夕方　　**エ** 一日中

ふく習のポイント!

じょう水場では，川や湖から取り入れた水をきれいにしています。じょう水場では，いつでも水が使えるように，一日中きれいな水をつくり続《つづ》けています。

2 ［よごれた水のしょり］ **次の図は，よごれた水をきれいにして川や海に流すしせつをしめしたものです。この図を見て，あとの問いに答えましょう。**

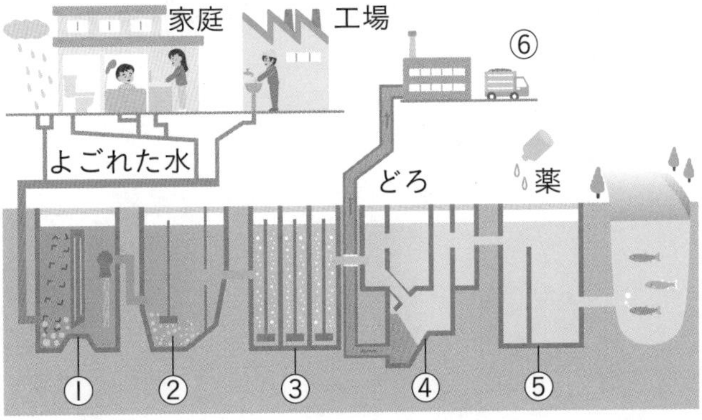

(1) 図中のしせつを何といいますか。（6点）

（　　　　　　）

(2) 図中の①～⑥にあてはまる説明《せつめい》を次から選《えら》び，それぞれ記号で答えましょう。（36点）1つ6

①（　　　）　②（　　　）　③（　　　）
④（　　　）　⑤（　　　）　⑥（　　　）

ア 大きなごみやすなを取りのぞく。
イ 薬で消毒《しょうどく》して，川や海に流す。
ウ ういている小さなごみなどをしずめる。
エ 空気とび生物をふくんだどろをまぜて，よごれをしずめやすくする。
オ 時間をかけて，どろやよごれをしずめる。
カ 小さなごみやよごれはひりょうとして使われ，どろはもやしてうめ立て場でうめ立てられる。

3 ［水を大切に使うためのくふう］ **水を大切に使うくふうとしてまちがっているものを次から選び，記号で答えましょう。**（8点）　（　　　）

ア 食器《しょっき》やなべなどについた油のよごれは，ふき取ってからあらう。
イ ふろの残《のこ》り湯は，せんたくや水やりなどに使う。
ウ 歯みがきをするときは水道を出しっぱなしにする。
エ 水道を使ったあとは，じゃ口がきちんとしまっているかをかくにんする。

6 自然災害《しぜんさいがい》から人々を守る

月　日

〈時間〉20分　〈合かく〉80点　〈とく点〉　/100

答え→別さつ13ページ

1 [学校での災害《さいがい》対さく] **次の(1)〜(3)の絵は，地しんにそなえて学校で行っていることのようすです。(1)〜(3)の絵の説明《せつめい》にあてはまるものを，あとのア〜ウから選《えら》び，記号で答えましょう。**（30点）1つ10

(1)

(　　)

(2)

(　　)

(3)

(　　)

ア 地しんがおこったとき，どのように行動すればよいか，ひなん訓練《くんれん》を行っている。

イ 地しんがおこって，食料《しょくりょう》が手に入らなくなったときにそなえて，きん急用の食料を保管《ほかん》している。

ウ 地しんがおこったとき，安全にひなんするためにヘルメットをじゅんびしている。

2 [地いきでの災害対さく] **自然《しぜん》災害に対して，地いきの人々が行っていることについて，次の文の(　)にあてはまることばを，あとのア〜キから選び，それぞれ記号で答えましょう。**（24点）1つ8

地いきの人々は，自然災害に対して，(①　　)して，ひがいを(②　　)ための活動を行っています。ふだんから声をかけ合ったり，(③　　)なひなん場所をかくにんしあったり，助け合うようにしています。

ア へらす　**イ** きけん　**ウ** 協力《きょうりょく》　**エ** 訓練

オ ふやす　**カ** にげる　**キ** 安全

ふく習のポイント！

いつおこるかわからない地しんや，その他の災害《さいがい》にそなえて，国や県，市町村，身近な地いき，学校，家庭などそれぞれが対さくをとっていることを理かいしましょう。

3 ［標識《ひょうしき》］ **右の図は，ある自然《しぜん》災害がおこったときのひなん場所をしめす標識です。地しんがおきたあとにおこることがある，この自然災害を何といいますか。**

（　　　　）（10点）

4 ［県や市町村の災害対さく］ **次の問いに答えましょう。**

(1) 地しんにそなえて，県や市町村が話し合っていることにあてはまらないものを次から選《えら》び，記号で答えましょう。（8点）（　　）

ア 市民《しみん》をどこにひなんさせるか。

イ 市と消ぼうやけいさつがどのように協力《きょうりょく》するか。

ウ 災害がおきそうな場所を市民にどのように知らせるか。

エ ごみをもやした熱《ねつ》をどのように利用するか。

(2) 災害のひがいの予想やひなん所の場所などがしめされた地図を何といいますか。（10点）（　　　　　）

5 ［ひじょう持ち出しぶくろ］ **次のア～エの中で，災害にそなえてじゅんびするひじょう持ち出しぶくろに，いつも入れておいたほうがよいものとしてあてはまらないものを選び，記号で答えましょう。**（8点）（　　）

ア

イ

ウ

エ

6 ［国の組織《そしき》］ **災害がおこったとき，ひさい地にはけんされて，災害にあった人たちを助けたり，必要《ひつよう》な水や食料をとどけたりする，国の組織を何といいますか。**（10点）（　　　　）

月	日

〈時間〉20分　〈合かく〉80点　〈とく点〉　　/100

7 昔から伝《つた》わる行事

答え→別さつ13ページ

たいせつ

1 ［昔のものを調べる］**あやかさんたちは，市内に昔から残っているものを観察《かんさつ》することにしました。次の問いに答えましょう。**（30点）1つ10

(1) 昔から残《のこ》っているものを観察に行ったときに，どんなことを調べてきたらよいですか。まちがっているものを次から選《えら》び，記号で答えましょう。（　　）

ア いつごろ，どんな目的《もくてき》でつくられたものかを資料《しりょう》や本を見て調べる。

イ 地いきの人にどんな思いがこめられているか，どのように大切にされてきたかを聞く。

ウ 昔のものは古くて，今はもう使えないものだと思ったら，ごみとしてすてる場所を調べる。

エ 地いきの人に，どのように使っていたのか，なぜ使われなくなったのかを聞く。

(2) 昔から残っているものをさがすには，どのようにすればよいですか。あてはまらないものを次から選び，記号で答えましょう。（　　）

ア 地いきに昔から住んでいる人にたずねる。

イ きょうど資料館に行って，たん当の人に話を聞く。

ウ 市内を手あたりしだいに歩いてみる。

エ 市の昔のことを研究している人たちをたずねて，話を聞く。

オ 地いきのことが書かれている本を読んで，どこにどのようなものが残されているか調べる。

(3) 昔から残っているものを観察に行くときに，その場所をたしかめるために持って行くものは何ですか。次から選び，記号で答えましょう。（　　）

ア 地図　**イ** カメラ　**ウ** 教科書　**エ** コンパス

ふく習のポイント！

地いきに昔から残《のこ》っているものを観察《かんさつ》する方法《ほうほう》をたしかめましょう。また，地いきの祭りや行事の始まりを理かいし，これからどうしていけばよいのかを考えましょう。

2 [昔から伝《つた》わる行事] **次の(1)〜(6)の行事が行われる時期を，あとのア〜カから選《えら》び，それぞれ記号で答えましょう。** (60点) 1つ10

(1)

(　　)

(2)

(　　)

(3)

(　　)

(4)

(　　)

(5)

(　　)

(6)

(　　)

ア 2月3日　**イ** 3月3日　**ウ** 5月5日　**エ** 7月7日
オ 7月か8月のなかごろ　**カ** 12月31日

3 [祭りや行事] **夏や秋に各地《かくち》で行われる祭りや行事は，主に何を願《ねが》うために行われていますか。あてはまるものを次から選び，記号で答えましょう。** (10点)

(　　)

ア 米がたくさんとれるように。
イ どろぼうが入らないように。
ウ 火事がおこらないように。
エ はやく冬がくるように。

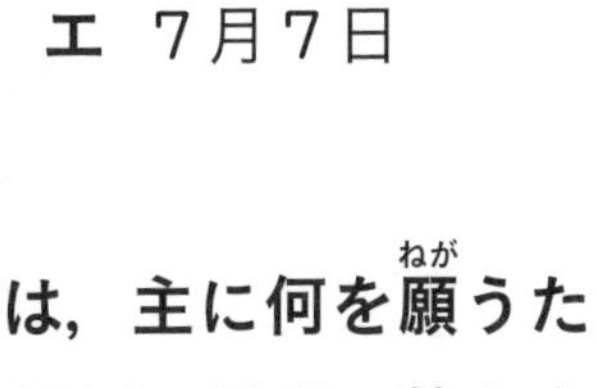

8 きょうどの歴史《れきし》 ①

月　日

〈時間〉20分　〈合かく〉80点　〈とく点〉　/100

答え→別さつ13ページ

1 [琵琶湖疏水《びわこそすい》] **琵琶湖疏水について，次の問いに答えましょう。**

(1) 次の道具は，琵琶湖疏水の工事に使われたものです。これらの道具にあてはまるものを，あとの**ア**～**オ**から選《えら》び，それぞれ記号で答えましょう。(40点) 1つ8

① じょれん(　　)　② つるはし(　　)　③ トロッコ(　　)

④ ます(　　)　⑤ シャベル(　　)

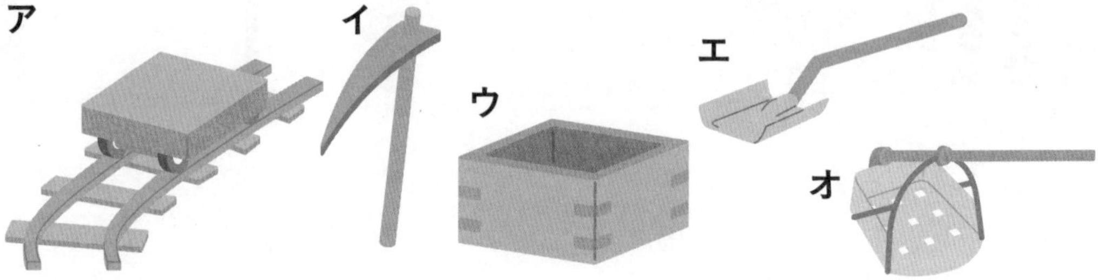

(2) 琵琶湖疏水の目的《もくてき》についてのべた，次の**ア**～**ウ**の文からまちがっているものを選び，記号で答えましょう。(8点)　(　　)

ア 疏水の水でまわした水車で機械《きかい》を動かし，新しい工業をさかんにしようとした。

イ 農業用水・ぼう火用水・飲料水《いんりょうすい》に利用《りよう》しようとした。

ウ 琵琶湖のはんらんによる水害《すいがい》をふせごうとした。

(3) 琵琶湖疏水で使われていた右の図のせつびについて，次の問いに答えましょう。

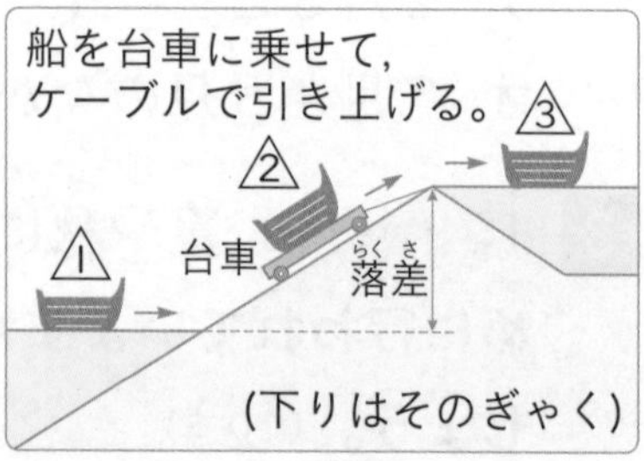

① このせつびの名まえを答えましょう。

(　　　　　)(12点)

② このせつびがつくられた理由として正しいのは，**ア**と**イ**のどちらですか，記号で答えましょう。(8点)

(　　)

ア 低《ひく》い土地から高い土地に荷物を運ぶため。

イ 疏水から水をくみ上げるため。

ふく習のポイント！

大河原《おおかわら》用水は，川は多くても水量《すいりょう》が少なかったため，水量の多い川から水量の少ない川へ水を引こうとつくられた用水です。このような用水のことを「くりこしせぎ」といいます。

2 ［大河原用水］ **次の地図は，大河原用水をしめしたものです。この地図と年表を見て，あとの問いに答えましょう。**

年	主なできごと
1736	坂本養川《さかもとようせん》が生まれる。
1762	養川がほかのまちに行き，用水の作り方を勉強する。
1770	雨がふらず，水が不足《ふそく》する。
1771	雨がふらず，水が不足する。
1775～1783	養川がとの様に用水をつくることを，6回にわたって願《ねが》い出る。
1785	最初《さいしょ》の用水である滝之湯《たきのゆ》用水ができる。
1792	大河原用水ができる。
1800	このころまでに，15本の用水がつくられる。

⑴ との様に6回にわたり，用水をつくることを願い出たのはだれですか。（10点）

（　　　　　）

⑵ 大河原用水について説明《せつめい》した文としてまちがっているものを次から選《えら》び，記号で答えましょう。（10点）（　　）

ア 最初の用水の滝之湯用水ができてから，15本の用水ができるまで3年ほどかかった。

イ 滝之湯川で水を取り入れてから柳《やな》川に流れこんでいる。

ウ 大河原用水は，南部の川が北部の川にくらべて水の量が少ないためつくられた。

⑶ 大河原用水は，水が足りなくなる川に，別《べつ》の川から水をまわしていくしくみがとられています。これを何といいますか。（12点）

（　　　　　）

9 きょうどの歴史《れきし》 ②

月	日

〈時間〉20分　〈合かく〉80点　〈とく点〉　/100

答え→別さつ14ページ

たいせつ **1** ［烏山《からすやま》用水］ **次の地図は，相模原《さがみはら》市中央区田名《たな》地区とそのまわりのようすをしめしたものです。地図を見て，あとの問いに答えましょう。**

⑴ 田名地区のそばを流れる大きな川を何といいますか。
（　　　　）（8点）

⑵ ⑴の川があるにもかかわらず，田名地区では昔は水を引くことができませんでした。その理由としてまちがっているものを次から選《えら》び，記号で答えましょう。（8点）（　　）

ア ⑴の川の流れが急だったため。

イ まわりの農民《のうみん》の協力《きょうりょく》が得《え》られなかったため。

ウ 用水路をほっても，川がはんらんしてすぐにうまってしまうため。

⑶ 次の文は，昔の工事のようすを説明《せつめい》したものです。この文中の（　）にあてはまることばを，あとから選び，それぞれ記号で答えましょう。

①（　　）②（　　）（16点）1つ8

昔は，今のような機械《きかい》はなく工事はすべて手作業でした。土をほるためには，（ ① ）を使い，ほった土を運ぶためには，（ ② ）が使われました。

ア かま　**イ** つるはし　**ウ** もっこ（かご）　**エ** おの

⑷ 烏山用水ができたころの田名地区のようすを説明した文として正しいものを次から選び，記号で答えましょう。（8点）（　　）

ア 川から水が引けるようになり，新しい田や畑が多くつくられた。

イ 農民たちが烏山用水に対する反対運動を始めた。

ウ 川がはんらんをおこすようになった。

ふく習のポイント！

昔の人々は，農業用水や生活用水を手に入れるために，疏水《そすい》をつくりました。しかし，かんたんな道具しかなく，工事はたいへんでした。疏水の目的《もくてき》，工事のようすなどを理かいしましょう。

2 ［地いきのはってん］ **地いきのはってんの調査《ちょうさ》について，次の問いに答えましょう。**

(1) 地いきがどのようにはってんしてきたか，博物館《はくぶつかん》で調べるとき，正しいものには○，まちがっているものには×をつけましょう。（24点）1つ8

① わからないことは，学芸員《がくげいいん》の方に質問《しつもん》する。（　　）

② てんじ物を見ながら，必要《ひつよう》なことはメモをする。（　　）

③ 博物館のてんじ物をさわりながら，その場で，友だちと感想を大きな声で話し合う。（　　）

(2) 地いきのはってんについて調べる方法《ほうほう》として，まちがっているものを次から選《えら》び，記号で答えましょう。（8点）（　　）

ア 地いきのお年よりをたずねて，昔のくらしのようすを聞く。

イ 昔の絵地図や写真を見て，昔と今ではどのように変化《へんか》しているかを調べる。

ウ 最新《さいしん》の地図だけを見て，はってんのようすを調べる。

エ 地いきのはってんのためにつくられたていぼうや，用水路などを実際《じっさい》に見学する。

3 ［疏水・用水づくりに使われた道具］ **次の道具の使い方を，あとから選び，記号で答えましょう。**（28点）1つ7

(1)

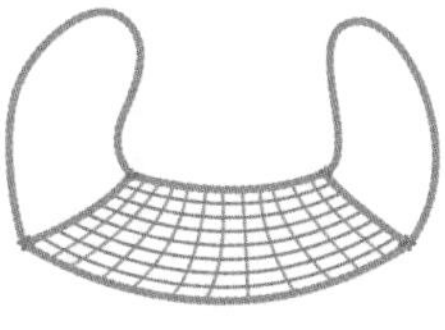

（　　）

(2)

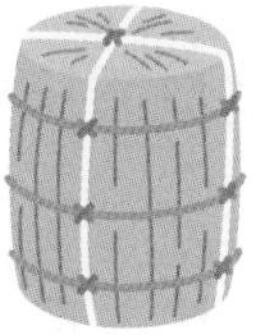

（　　）

(3)

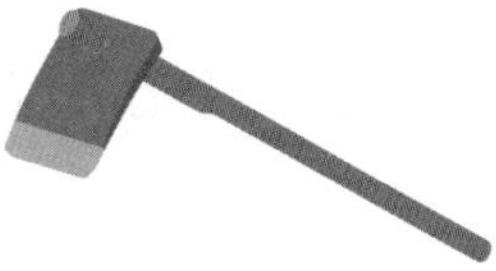

（　　）

(4)

（　　）

ア 土をほる。　**イ** 土を打ってかためたり，くいを打つ。

ウ 土や石を運ぶ。　**エ** 土や石をつめて土手をつくる。

10 県内の特色《とくしょく》ある地いき

月　日

〈時間〉20分　〈合かく〉80点　〈とく点〉　/100

答え→別さつ14ページ

1 [世界とのつながり] **次の地図は，兵庫《ひょうご》県と姉妹・友好《ゆうこう》ていけい先のある国です。あとの問いに答えましょう。**

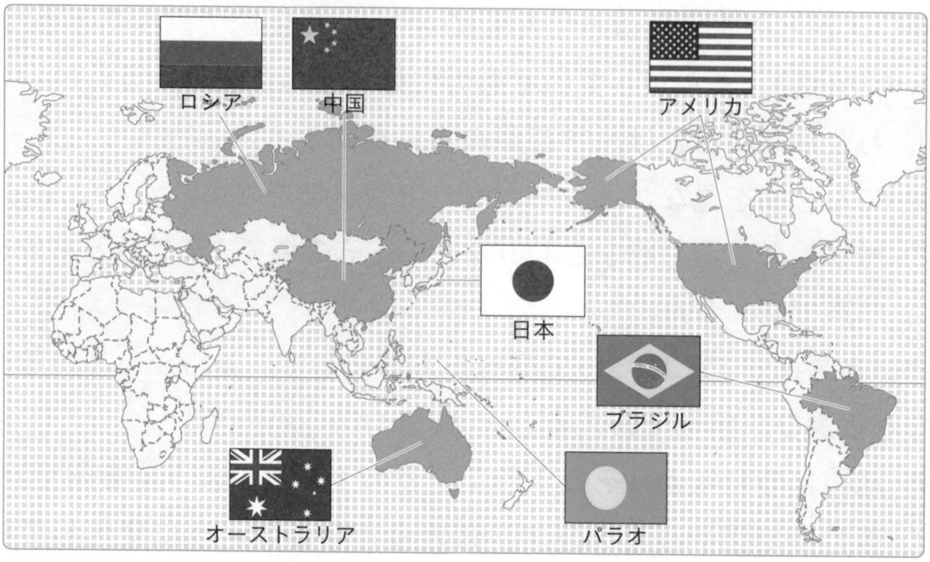

⑴ 地図中に見られる，その国を表すしるしを何といいますか。(8点)

(　　　　)

⑵ 兵庫県と姉妹・友好ていけい先のある国を次から選《えら》び，記号で答えましょう。(8点)

(　　　　)

ア アメリカ　　**イ** インド

ウ イギリス　　**エ** サウジアラビア

⑶ 姉妹都市の説明《せつめい》として正しいものには○，まちがっているものには×をつけましょう。(24点) 1つ8

① 姉妹都市は，親ぜんや文化の交流を目的《もくてき》に結《むす》びついている。

(　　　　)

② 姉妹都市は，おたがいの理かいを深め，助け合っている。

(　　　　)

③ 姉妹都市の人々は，おたがいに行き来することはない。

(　　　　)

ふく習のポイント！

地いきの特色《とくしょく》を生かしたまちづくりやものづくりが行われています。伝統的《でんとうてき》な産業《さんぎょう》では，その土地でとれた材料《ざいりょう》を使って，製《せい》品《ひん》がつくられていますが，あとつぎ不足《ぶそく》などの問題があります。

2 ［自然《しぜん》かんきょう］ **兵庫《ひょうご》県豊岡《とよおか》市は，一度ぜつめつしたコウノトリを育てるまちとして有名です。コウノトリを守り育てる取り組みとしてまちがっているものを次から選《えら》び，記号で答えましょう。**（10点）（　　）

ア 農薬をへらして米を育てる。

イ 飛《と》んでいかないようにかごの中に入れたままにする。

ウ 地いきの人々が協力《きょうりょく》してコウノトリを見守る。

3 ［世界遺産《いさん》］ **兵庫県には，世界遺産に登録《とうろく》されているものがあります。あてはまるものを次から選び，記号で答えましょう。**（10点）（　　）

ア 原爆《げんばく》ドーム　　**イ** 合掌造《がっしょうづく》り

ウ 姫路城《ひめじじょう》　　**エ** 白神《しらかみ》山地

4 ［伝統的な産業］ **伝統的な産業について，次の問いに答えましょう。**

(1) 次の**ア～キ**の伝統的工芸品《こうげいひん》のうち，福岡県でつくられているものを3つ選び，それぞれ記号で答えましょう。

（　　）（　　）（　　）（24点）1つ8

ア 有田焼《ありたやき》　**イ** 博多《はかた》人形　**ウ** 久留米《くるめ》がすり　**エ** 西陣織《にしじんおり》

オ 鎌倉《かまくら》ぼり　**カ** 小石原《こいしわら》焼　**キ** 南部鉄器《なんぶてっき》

(2) 伝とう工業について説明《せつめい》した次の**ア～オ**の文のうち，正しいものを2つ選び，それぞれ記号で答えましょう。（16点）1つ8

（　　）（　　）

ア 機械《きかい》を使うため，一度にたくさんつくることができる。

イ くらしにつながりの深いものが多い。

ウ あとをつぐ若者《わかもの》が多く，つくる人がふえてきている。

エ 特《とく》に技術《ぎじゅつ》がなくても，だれでもかんたんにつくることができる。

オ 一つ一つが手づくりでつくられ，材料のよさや職人《しょくにん》の持ち味が生かされている。

11 仕上げテスト

月　　日

〈時間〉30分　〈合かく〉80点　〈とく点〉　/100

答え→別さつ14ページ

1 [日本の都道府県《とどうふけん》] **次の地図を見て，あとの問いに答えましょう。**

(1) 日本にはいくつの都道府県がありますか。(4点)

(　　　)

(2) 日本の都道府県の「都」を答えましょう。(4点)

(　　　)

(3) 日本の都道府県の「道」を答えましょう。(4点)

(　　　)

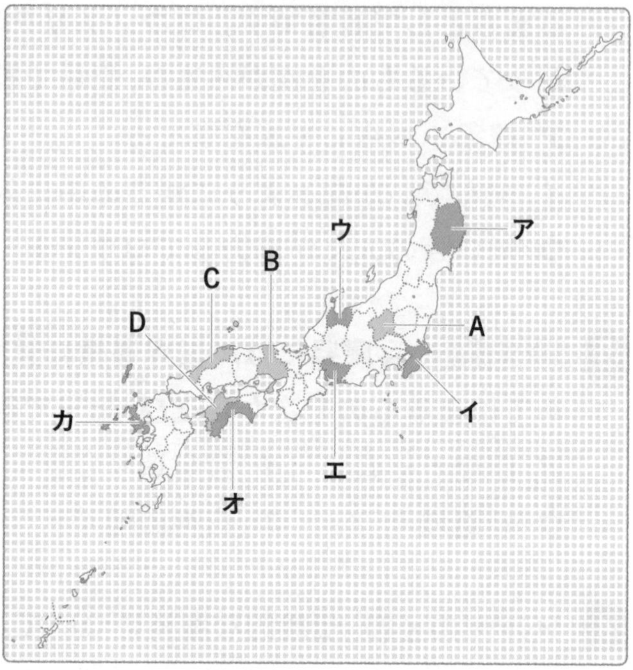

(4) 地図中の**A**～**D**の県庁所《けんちょうしょ》在地名《ざいちめい》を答えましょう。(16点) 1つ4

A(　　　市)　**B**(　　　市)
C(　　　市)　**D**(　　　市)

(5) 次の①～③の文は，ある都道府県について説明《せつめい》したものです。あてはまる都道府県を地図中の**ア**～**カ**から選《えら》び，それぞれ記号で答えましょう。(12点) 1つ4

① 四国《しこく》地方でいちばん面積《めんせき》が広く，南は太平洋《たいへいよう》に面している。

(　　　)

② 東北《とうほく》地方にあり，すべての県の中でいちばん面積が広く，県名と県庁所在地名がことなる。(　　　)

③ 九州《きゅうしゅう》地方にあり，半島や島が多く，島の数は都道府県のなかでいちばん多い。(　　　)

2 [自然《しぜん》かんきょうを守る] **大切な自然かんきょうを守るための取り組みとして，正しいものには○，まちがっているものには×をつけましょう。**

（12点）1つ4

(1) 川や海をよごさないようにする。（　　）
(2) 木を植えるなど，緑をふやす活動をする。（　　）
(3) なるべく使いすての商品を買うようにする。（　　）

3 [土地図の見方] **地図について説明《せつめい》した文としてまちがっているものを次から選《えら》び，記号で答えましょう。**（4点）（　　）

ア 地図上で高さの等しい場所を結《むす》んだ線を等高線という。
イ 等高線の間かくのせまいところは，間かくの広いところにくらべてけいしゃがゆるやかである。
ウ 東西南北に加《くわ》えて，南東・北東・南西・北西を加えた方位《ほうい》を八方位という。
エ 南東の反対の方位は北西になる。
オ 地図記号を見ると，どこに何の建物《たてもの》があるのか，土地がどのように使われているかがわかる。

4 [さまざまな県のようす] **次の(1)〜(3)の説明にあてはまる県を，あとのア〜エから選び，それぞれ記号で答えましょう。**（12点）1つ4

(1) この県の東部は海が近く，漁業《ぎょぎょう》がさかんである。また，中央部を通る東北《とうほく》自動車道の近くには，せいみつ機械《きかい》をつくる工場がある。米づくりもさかんで，ひとめぼれなどの品種《ひんしゅ》がさいばいされている。（　　）
(2) この県の県庁所在地《けんちょうしょざいち》は，日本でも有数の大都市で，大きな港がある。また，西部には寄木細工《よせぎざいく》で有名な町がある。（　　）
(3) この県は，韓国《かんこく》や中国《ちゅうごく》とのつながりが深いことが特《とく》ちょうである。また，県の北部は，鉄や機械製品《せいひん》をつくる工場がたくさんある。筑紫《つくし》平野では米づくりもさかんである。（　　）

ア 宮城《みやぎ》県　**イ** 福岡《ふくおか》県　**ウ** 神奈川《かながわ》県　**エ** 石川《いしかわ》県

5 [くらしをささえる水] **次のグラフは，ある市の人口と水の使用量《りょう》の移《うつ》り変《か》わりをしめしています。グラフを見て，あとの問いに答えましょう。**

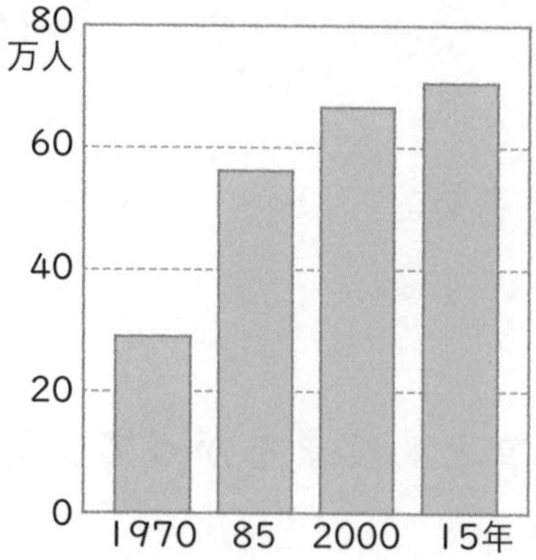

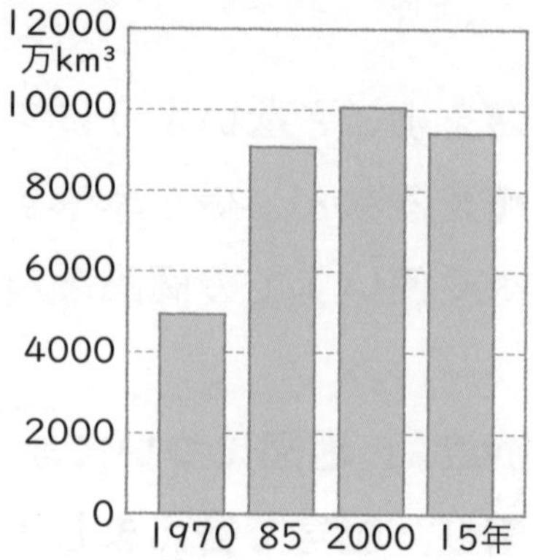

(1) 人口がいちばん多いのは何年ですか。（4点）　（　　　年）

(2) 水の使用量がいちばん多いのは何年ですか。（4点）　（　　　年）

(3) 水をよごさない取り組みとしてまちがっているものを次から選び，記号で答えましょう。（4点）　（　　）

ア 川に家庭のごみをすてない。

イ 食器をあらうときはせんざいをたくさん使う。

ウ 油をすてるときは，流しで流さずに，紙にしみこませて，もえるごみとしてすてる。

(4) 水源《すいげん》を守る森林の働《はたら》きについてのべた次の文の(　)にあてはまることばを，それぞれ答えましょう。（8点）1つ4

森林には，ふった（①　　　）をたくわえ，それを少しずつ流し出す働きがあります。そのような働きがあるため，森林は，「緑の（②　　　）」とよばれています。

6 [昔から伝《つた》わる行事] **次の(1)〜(4)は，ある行事の説明《せつめい》です。あてはまる行事を，あとから選び，それぞれ記号で答えましょう。**（12点）1つ3

(1) 豆をまいて，悪い気をおいはらう。　（　　）

(2) 女子の成長《せいちょう》をいのる。　（　　）

(3) 祖先《そせん》をくようしておどる。　（　　）

(4) たんざくなどをささにかざる。　（　　）

ア ひなまつり　**イ** たなばた　**ウ** ぼんおどり　**エ** 節分《せつぶん》

4
年

理科

はじめに

4年生の理科では，生き物の１年間のようすや，星や月の動き，天気などの身近な自然《しぜん》や，わたしたちのからだがどのようなしくみで動くのかについて学習します。身近なできごとについて，「なぜ？」や「どのように？」と深く考えてみましょう。

1 あたたかくなったときの生き物（春・夏）

月　日

〈時間〉20分　〈合かく〉80点　〈とく点〉　/100

答え→別さつ15ページ

1 ［春に見られる動物］**次の図は，春に見られる動物のようすをスケッチしたものです。これについて，あとの問いに答えましょう。**

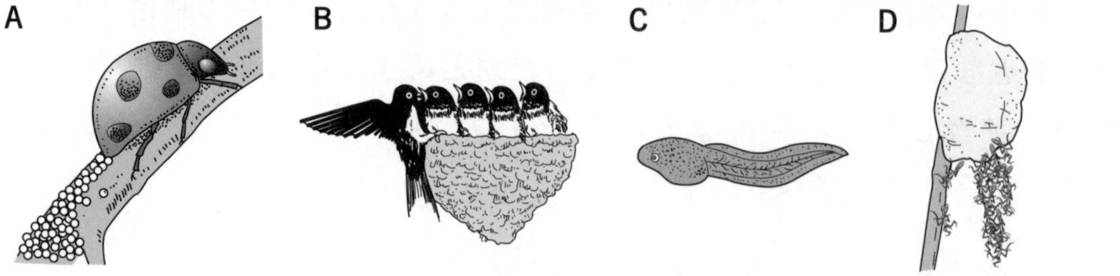

⑴ **A**～**D**の動物の名前を次からそれぞれ選《えら》び，記号を書きましょう。

A（　　）**B**（　　）**C**（　　）**D**（　　）（24点）1つ6

ア オオカマキリ　**イ** ツバメ　**ウ** カエル（おたまじゃくし）

エ バッタ　**オ** メジロ　**カ** ナナホシテントウ

⑵ **A**は何をしているところですか。（6点）（　　）

⑶ **B**は，日本から見て東・西・南・北のどちらのほうから日本へやってきますか。（6点）（　　）

2 ［ヘチマの育ち］**ヘチマのたねをまいて育てます。これについて，次の問いに答えましょう。**（18点）1つ6

⑴ ヘチマのたねはどれですか。右の**ア**～**ウ**から選び，記号を書きましょう。（　　）

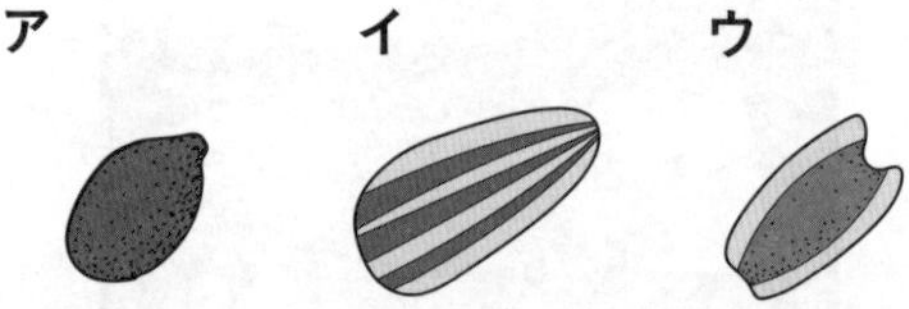

⑵ 花だんに植えかえるのは，葉が何まいくらいになったときですか。次から選び，記号を書きましょう。（　　）

ア 3～4まい　**イ** 6～7まい

ウ 9～10まい

⑶ 植えかえのとき，ひりょうはどこに入れればよいですか。右の図の**ア**～**ウ**から選び，記号を書きましょう。（　　）

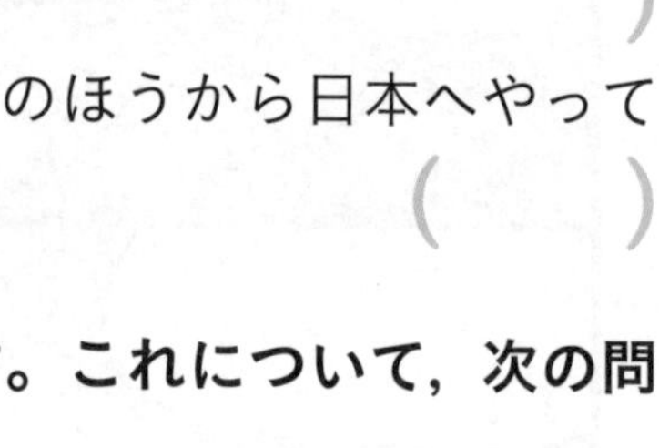

ふく習のポイント!

- 動物のようすを春と夏でくらべましょう。
- ヘチマの成長《せいちょう》のようすと気温との関係《かんけい》について学習しましょう。

3 ［夏の動物のようす］ **次の文は，夏の動物のようすについて説明《せつめい》したものです。これについて，あとの問いに答えましょう。**

・ツバメ…ひなが親からあたえられた(①)をたくさん食べて，大きく成長《せいちょう》していた。

・ヒキガエル…おたまじゃくしのからだから手と(②)がはえて，水から上がっていた。

・ナナホシテントウ…よう虫がアブラムシをつかまえて食べていた。

(1) 上の文の( )にあてはまることばを書きましょう。（12点）1つ6

①(　　　　) ②(　　　　)

(2) ナナホシテントウのよう虫はどれですか。右の**ア**～**ウ**から選《えら》び，記号を書きましょう。（6点）(　　　　)

(3) 夏に見られる動物の数と活動のようすは，春のころにくらべてどうなっていますか。（12点）1つ6

動物の数(　　　　　　)

活動のようす(　　　　　　)

たいせつ **4** ［ヘチマの成長のようす］ **右の図は，約《やく》2週間ごとにヘチマのくきの長さをはかり，グラフに表したものです。これについて，次の問いに答えましょう。**（16点）1つ8

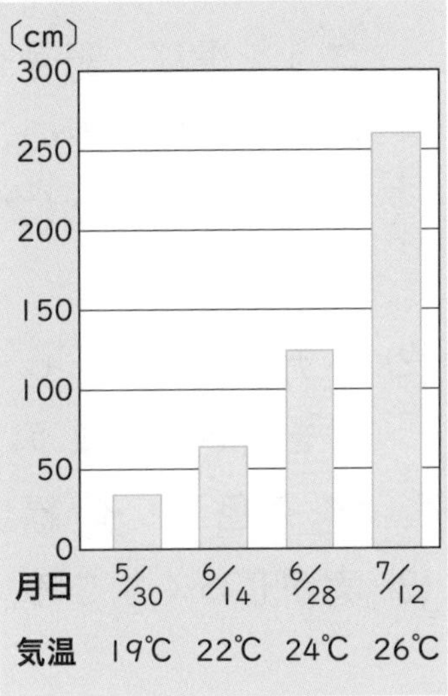

(1) くきがよくのびるのは，どのようなときだと考えられますか。次の( )にあてはまることばを書きましょう。

気温が(　　　　)なっていくとき。

(2) 7/12の葉の数は，5/30のときとくらべてどうなっていると考えられますか。

(　　　　　　)

2 すずしくなったときの生き物（秋・冬）

月　日

〈時間〉20分
〈合かく〉80点
〈とく点〉　/100

答え→別さつ15ページ

1 ［秋の動物のようす］**右の図は，秋に見られる動物のようすをスケッチしたものです。これについて，次の問いに答えましょう。**（24点）1つ6

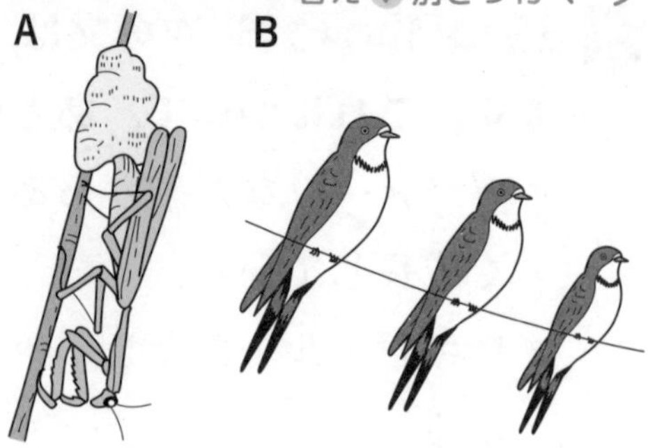

⑴ Aのこん虫の名前を答えましょう。（　　　）

⑵ Aのこん虫は何をしていますか。（　　　）

⑶ Aのこん虫は次のどれですか。選《えら》んで記号を書きましょう。（　　）

ア おす　　**イ** めす　　**ウ** おすとめすの両方

⑷ Bの鳥は，すずしくなると，日本から東・西・南・北のどちらのほうへ向かって飛《と》び立っていきますか。（　　）

たいせつ **2** ［ヘチマの成長《せいちょう》のようす］**秋になって，ヘチマの花がさいたあとに右の図のような実ができました。これについて，次の問いに答えましょう。**

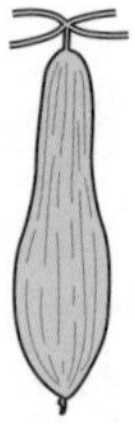

⑴ 気温とヘチマのくきののびについて，次の文の(　)から正しいほうを選び，記号を書きましょう。（12点）1つ6

秋になって，夏のころより気温が①(**ア** 高く　　**イ** 低《ひく》く)なると，ヘチマのくきは②(**ア** よくのびる　　**イ** ほとんどのびない)。

①（　　）②（　　）

⑵ ヘチマの実は，じゅくしてくると何色になりますか。次から選び，記号を書きましょう。（6点）（　　）

ア 茶色　　**イ** 緑色　　**ウ** 黒色

⑶ 実がじゅくすころ，くきや葉はどうなっていますか。（6点）

（　　　）

⑷ 実の中には何が入っていますか。（6点）（　　）

ふく習のポイント!

- 秋になって，気温が下がりはじめたときの動物や植物のようすを学習しましょう。
- 動物や植物の冬ごしのようすを学習しましょう。

3 ［冬の動物のようす］ **次の図は，冬の動物のようすです。これについて，あとの問いに答えましょう。**

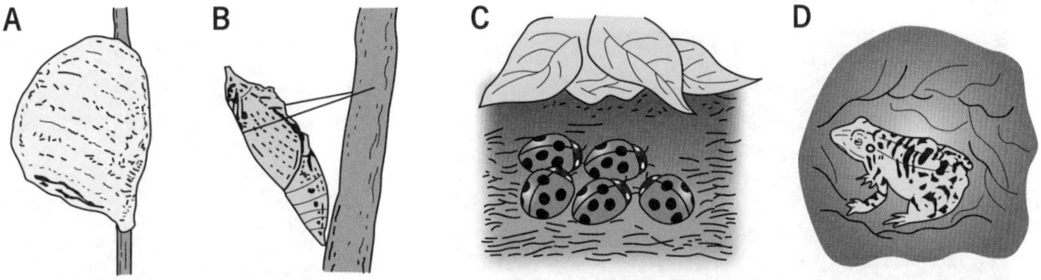

⑴ A，Bのこん虫の名前を次からそれぞれ選《えら》び，記号を書きましょう。

A（　　） B（　　） （10点）1つ5

ア ナナホシテントウ　**イ** アゲハ　**ウ** オオカマキリ

⑵ A～Cのこん虫のすがたを次からそれぞれ選び，記号を書きましょう。

A（　　） B（　　） C（　　） （15点）1つ5

ア たまご　**イ** よう虫　**ウ** さなぎ　**エ** 成虫《せいちゅう》

⑶ Dの動物のようすを次から選び，記号を書きましょう。（5点）（　　）

ア さかんに動いている。　**イ** じっとしている。

ウ えさをさがしている。

たいせつ **4** ［冬の植物のようす］ **冬の植物のようすについて，次の問いに答えましょう。**（16点）1つ8

⑴ 右の図は，サクラのえだの先のようすです。Aの部分を何といいますか。（　　）

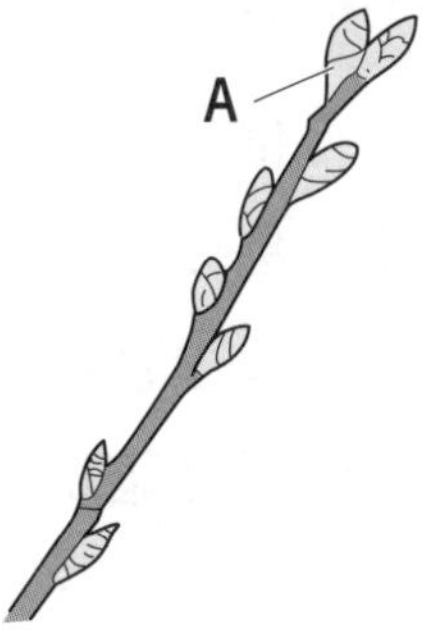

⑵ 冬のヘチマのようすを次から選び，記号を書きましょう。（　　）

ア 葉はかれているが，くきと根は生きている。

イ 葉とくきはかれているが，根は生きている。

ウ 葉もくきも根もかれている。

3 星の動き

月　日

〈時間〉40分　〈合かく〉80点　〈とく点〉　/100

答え→別さつ15ページ

1 ［夏の空の星］**図１，図２は，夏の東の空と南東の空に見られる星のようすです。これについて，あとの問いに答えましょう。**

図１

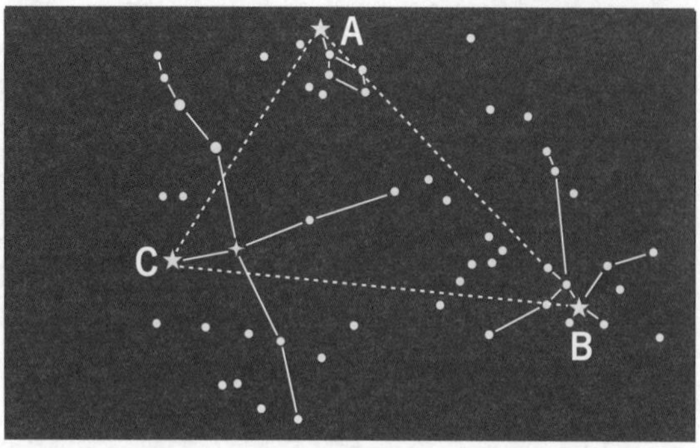

図２

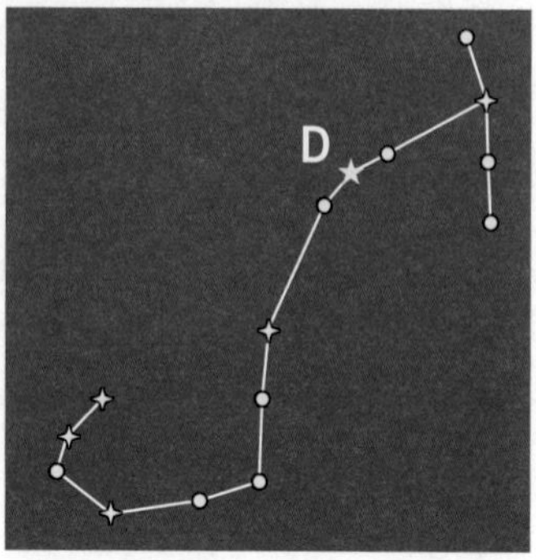

⑴ **A～C**の星の名前をそれぞれ答えましょう。（15点）１つ５

A（　　　　　）**B**（　　　　　）**C**（　　　　　）

⑵ **A～C**の星を結《むす》んでできる三角形を何といいますか。（５点）

（　　　　　）

⑶ 明るい星をいくつかのまとまりに分け，動物や道具の名前をつけたものを何といいますか。（５点）（　　　　　）

⑷ **C**の星をふくんでいる⑶の名前を答えましょう。（５点）（　　　　　）

⑸ **D**の星の名前を答えましょう。また，星の色を次から選《えら》び，記号を書きましょう。（10点）１つ５　名前（　　　　　）色（　　　）

ア 白っぽい色　**イ** 青っぽい色　**ウ** 赤っぽい色

たいせつ **2** ［星の明るさや色］**次の文のうち，正しいものには○，正しくないものには×をつけましょう。**（20点）１つ５

⑴ 星には，いろいろな色のものがある。

⑵ 星の色によって，明るさがちがっている。

⑶ 星は暗いものから順《じゅん》に，１等星，２等星，…と分けられている。

⑷ 夏の大三角をつくる星はすべて１等星である。

⑴（　　）⑵（　　）⑶（　　）⑷（　　）

ふく習のポイント！

- 星の色や明るさのちがいについて学習しましょう。
- 星や星座《せいざ》の位置《いち》とならび方は，時こくとともにどのように変《か》わるか学習しましょう。

3 [星座《せいざ》早見の使い方] **星座早見を使って星を観察《かんさつ》します。これについて，次の問いに答えましょう。**（10点）1つ5

(1) 南の空の星を観察するとき，星座早見をどのように持てばよいですか。次から選《えら》び，記号を書きましょう。（　　）

ア　**イ**　**ウ**　**エ**

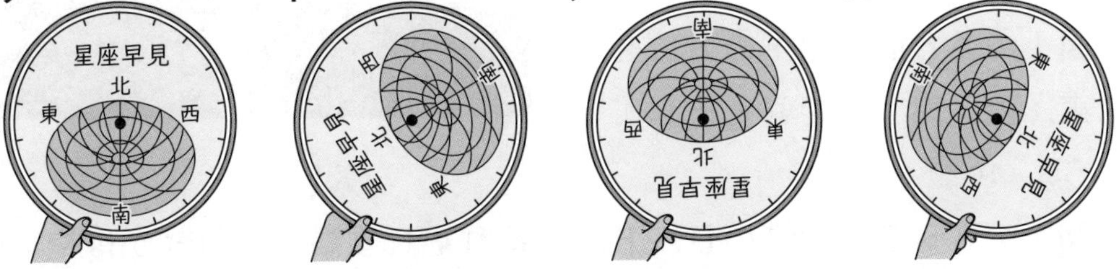

(2) 右の図のように時こくの目もりを合わせたとき，9月何日の20時を表していますか。次から選び，記号を書きましょう。（　　）

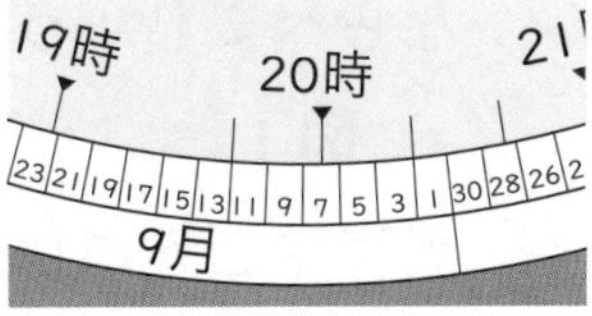

ア　7日　　**イ**　15日　　**ウ**　22日

4 [冬の空の星と星の動き] **冬の南東の空に，右の図のような星座が見えました。これについて，次の問いに答えましょう。**

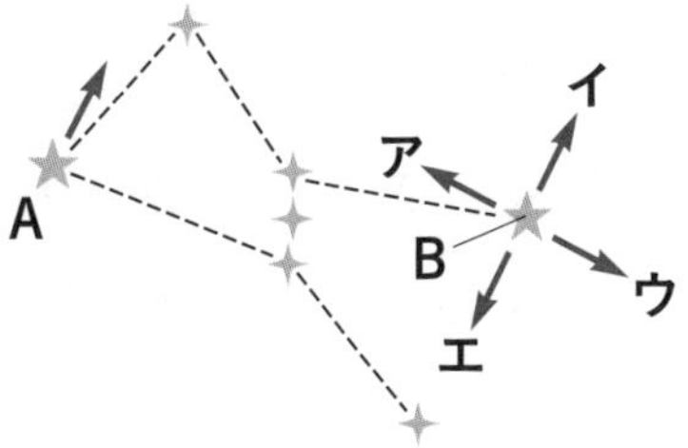

(1) A，Bの星の名前をそれぞれ答えましょう。（10点）1つ5
A（　　　　　）
B（　　　　　）

(2) A，Bの星をふくんでいる星座の名前を答えましょう。（5点）
（　　　　　）

(3) Aの星を2時間後に見ると，矢印《やじるし》の方向に動いていました。Bの星は，図の**ア**～**エ**のどちらに動いていますか。（5点）（　　）

(4) 次の文の（　）にあてはまることばを書きましょう。（10点）1つ5

星や星座は，時こくとともに見える位置《いち》は（ ① ）が，ならび方は（ ② ）。
①（　　　　　）②（　　　　　）

4 月の動き

月　　日
〈時間〉20分
〈合かく〉80点
〈とく点〉　　/100

答え→別さつ15ページ

たいせつ **1** [月の動き] **右の図１，図２は，満月《まんげつ》と半月の動きを午後６時から観察《かんさつ》したものです。これについて，次の問いに答えましょう。**

図１　満月の動き

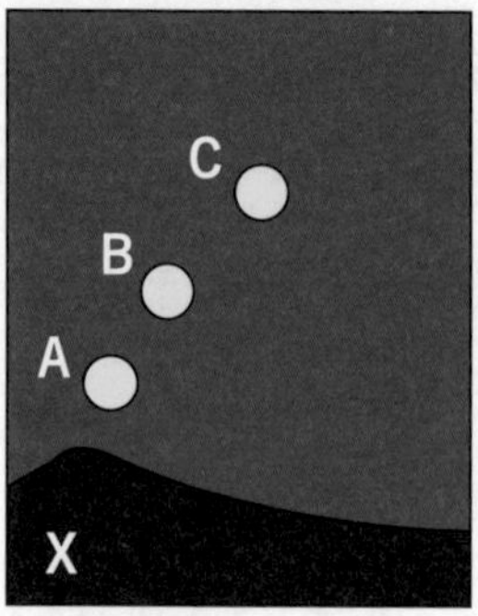

図２　半月の動き

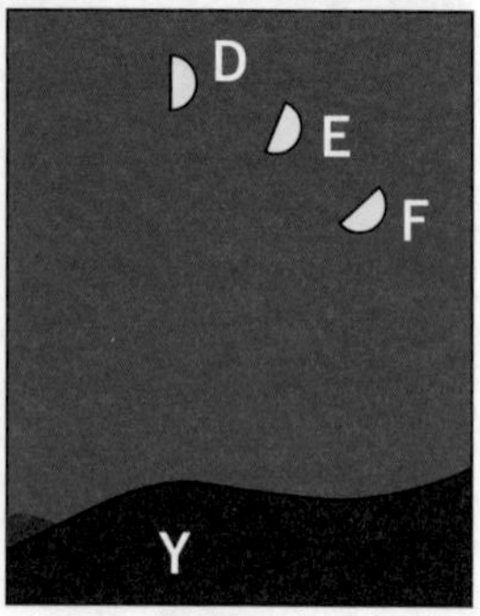

⑴ 図１のXと図２のYの方位《ほうい》を東，西，南，北で答えましょう。（10点）１つ５

X（　　）Y（　　）

⑵ 図１のA～Cと図２のD～Fを，それぞれ観察した時間がはやい順《じゅん》にならべましょう。（10点）１つ５

図１（　　→　　→　　）図２（　　→　　→　　）

⑶ 真夜中ごろには，満月はどの方向に見えますか。次から選《えら》び，記号を書きましょう。（5点）（　　）

ア 東の空の低《ひく》いところ　**イ** 西の空の低いところ

ウ 南の空の高いところ

⑷ 図２の半月が地平線から出てくるときのかたむきを次から選び，記号を書きましょう。（5点）（　　）

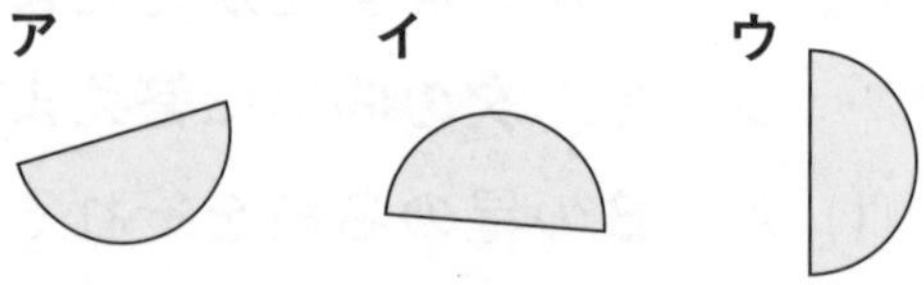

2 [月の動き] **次の文のうち，正しいものには○，正しくないものには×をつけましょう。**（20点）１つ５

⑴ 半月は昼間に見ることができる。

⑵ 満月は北の空に見ることができる。

⑶ 満月と半月はどちらも東から出て，西にしずむ。

⑷ 満月と半月はどちらも真夜中にしずむ。

⑴（　　）⑵（　　）⑶（　　）⑷（　　）

ふく習のポイント！

月は太陽と同じように動きます。また，月の形によって，見える時こくと位置《いち》がちがいます。半月と満月《まんげつ》の動きと見える時こく，位置を調べましょう。

3 ［月の形］ **右の図は，月の形が変《か》わっていくようすを表しています。これについて，次の問いに答えましょう。**

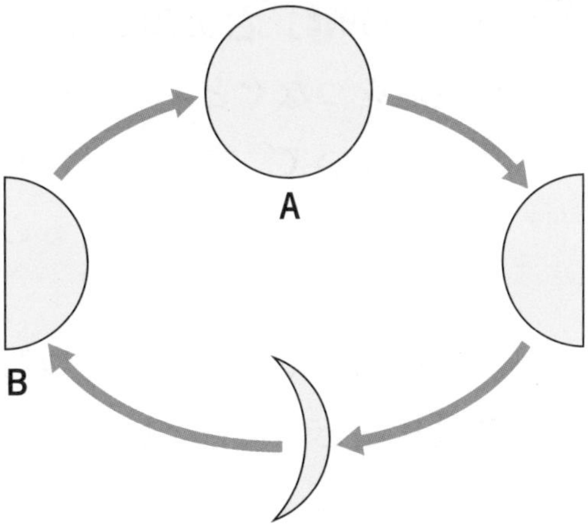

⑴ 図の**A**，**B**の月をそれぞれ何といいますか。（10点）1つ5

A（　　　　　　）
B（　　　　　　）

⑵ 月の形について，次の文の（　）から正しいほうを選《えら》び，記号を書きましょう。（10点）1つ5

月の形は，①（**ア** 日　　**イ** 時こく）によって変わりますが，およそ②（**ア** 1か月　　**イ** 24時間）でもとの形にもどります。

①（　　　）　②（　　　）

4 ［月の形と動き］ **右の図1，図2は，南の空の高い所に見えた月の形を表しています。これについて，次の問いに答えましょう。**

図1　　図2

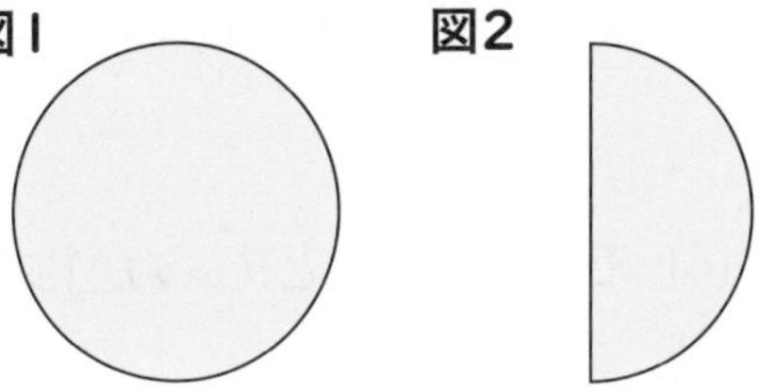

⑴ 昼間に見ることができるのは，**図1**，**図2**のどちらの月ですか。（6点）

（　　　）

⑵ **図1**，**図2**の月が南の空の高い所に見えるのは，いつごろですか。次からそれぞれ選び，記号を書きましょう。（12点）1つ6

図1（　　　）　**図2**（　　　）

ア 昼　　**イ** 夕方　　**ウ** 真夜中　　**エ** 明け方

⑶ **図1**，**図2**の月は，どの方位《ほうい》にしずみますか。次からそれぞれ選び，記号を書きましょう。（12点）1つ6　　**図1**（　　　）　**図2**（　　　）

ア 東　　**イ** 北　　**ウ** 西

英語　算数　社会　理科　国語

5 電気のはたらき

月　日

〈時間〉20分　〈合かく〉80点　〈とく点〉　／100

答え→別さつ16ページ

たいせつ **1** [電気の通り道] **右の図のようにモーターとかん電池をつなぐと，モーターが回りました。これについて，次の問いに答えましょう。**

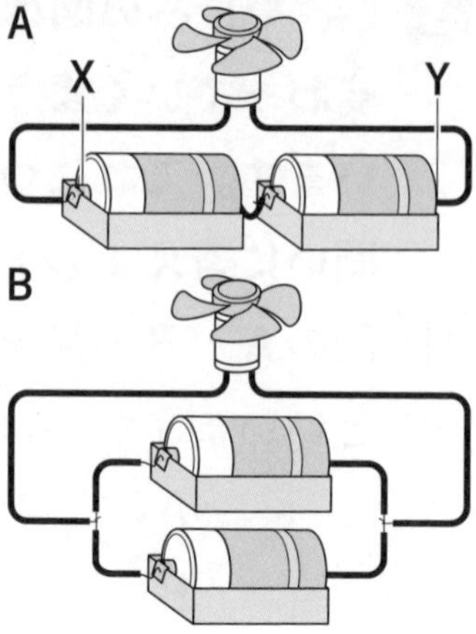

⑴ 次の文の(　)にあてはまることばを書きましょう。(12点) 1つ6

かん電池にモーターをつなぐとできる電気の通り道を(①)といい，これを通る電気の流れを(②)という。

①(　　　　) ②(　　　　)

⑵ 図のA，Bのようなかん電池のつなぎ方をそれぞれ何といいますか。

A(　　　　　　) B(　　　　　　) (12点) 1つ6

⑶ 図のAで，モーターからのどう線をXとYにぎゃくにつなぐと，モーターはどうなりますか。次から選《えら》び，記号を書きましょう。(6点)

ア 同じ向きに回る。　**イ** ぎゃく向きに回る。　**ウ** とまる。

(　　)

⑷ モーターはどちらがはやく回りますか。次から選び，記号を書きましょう。(6点)

(　　)

ア Aのほうがはやい。

イ Bのほうがはやい。

ウ どちらも同じ。

⑸ かん電池と豆電球の電気用図記号はどれですか。次から選び，それぞれ記号を書きましょう。(12点) 1つ6

かん電池(　　) 豆電球(　　)

ア

イ

ウ

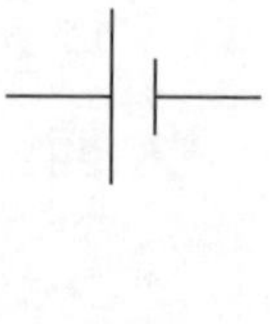

エ

ふく習のポイント!

かん電池のつなぎ方と電流の大きさの関係《かんけい》について学習しましょう。

2 [かん電池のつなぎ方] **次の図は，かん電池２こと豆電球１こをつないだものです。これについて，あとの問いに答えましょう。**

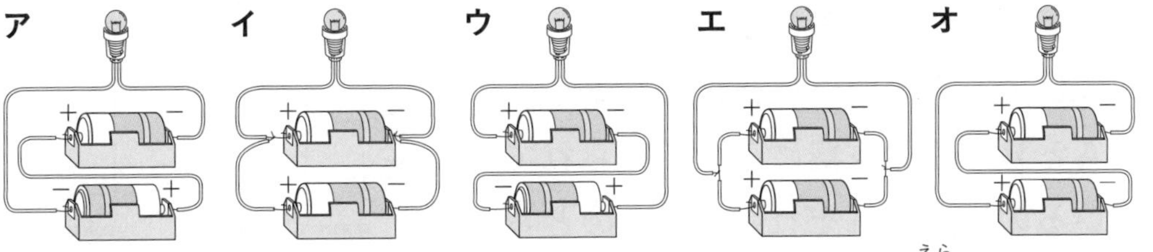

⑴ 次の①～④にあてはまるものを図の**ア～オ**からすべて選《えら》び，記号を書きましょう。 （24点）1つ6

① かん電池が直列つなぎになっているもの （　　　）

② かん電池がへい列つなぎになっているもの （　　　）

③ 豆電球がいちばん明るくつくもの （　　　）

④ 豆電球がつかないもの （　　　）

⑵ 豆電球の明るさのちがいは，何の大きさのちがいによりますか。（6点）

（　　　　　）

3 [けん流計] **図１のように，回路のとちゅうにけん流計をつなぎました。これについて，次の問いに答えましょう。**

⑴ けん流計を使うと何と何を調べられますか。

（　　　　　）（8点）

⑵ **図２**は，けん流計の目もりを表しています。モーターがはやく回るのは，はりが**A**と**B**のどちらをさしているときですか。（7点）

（　　　）

⑶ はりが**B**をさしているとき，かん電池の＋極《プラスきょく》と－《マイナス》極を反対にしてつなぐと，はりは**図２**の**A～D**のどこをさしますか。（7点）（　　　）

図1

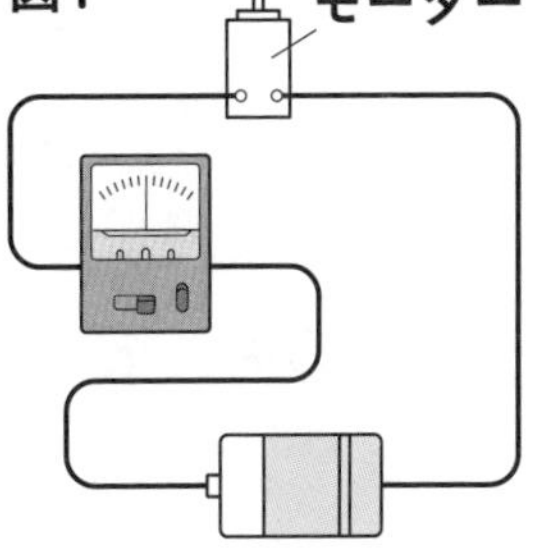

図2

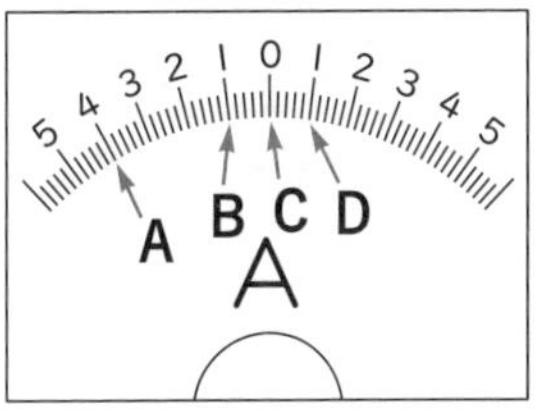

月　日

〈時間〉20分　〈合かく〉80点　〈とく点〉　/100

6 とじこめた空気や水

答え→別さつ16ページ

たいせつ **1** [空気や水をおしたとき] **右の図のように，空気や水を注しゃ器《き》の中にとじこめ，手でピストンをおしました。これについて，次の問いに答えましょう。**

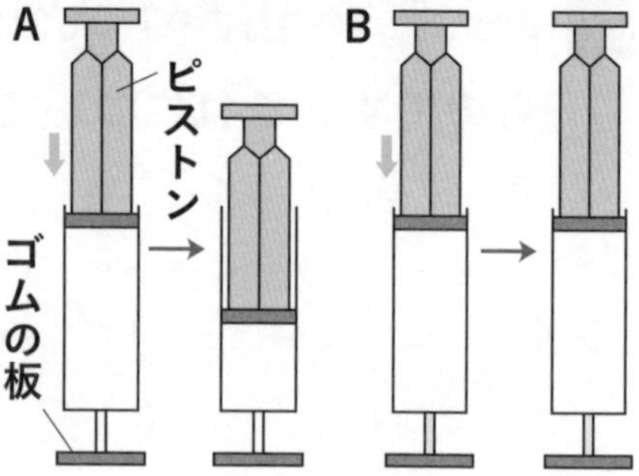

(1) AとBの注しゃ器にとじこめられているのは，それぞれ空気と水のどちらですか。(14点) 1つ7

A(　　　)　B(　　　)

(2) A，Bのピストンが図のようになる理由を，次から選《えら》び，記号を書きましょう。(7点)　(　　　)

ア 空気も水もおしちぢめることができないから。

イ 空気も水もおしちぢめることができるから。

ウ 空気はおしちぢめられないが，水はおしちぢめられるから。

エ 空気はおしちぢめられるが，水はおしちぢめられないから。

(3) Aのピストンを強くおすほど，手ごたえはどうなりますか。(7点)

(　　　　　)

たいせつ **2** [空気のせいしつ] **右の図のような空気でっぽうについて，次の問いに答えましょう。**

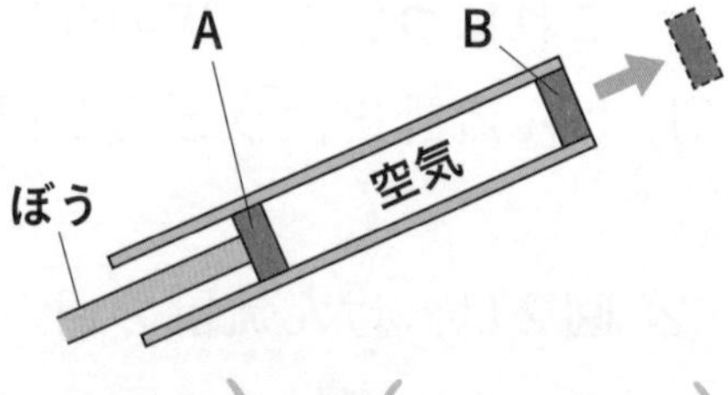

(1) 図のA，Bの部分の名前を書きましょう。(12点) 1つ6　A(　　　)　B(　　　)

(2) ぼうをおすとBが飛《と》び出す理由について，次の文の(　)にあてはまることばを書きましょう。(12点) 1つ6

ぼうを強くおすと，つつの中の空気の(①)が(②)なり，もとにもどろうとする力がはたらいてBをおすので，Bが飛び出す。

①(　　　)　②(　　　)

ふく習のポイント！

とじこめた空気や水に力を加《くわ》えたときの変化《へんか》について学習しましょう。おしちぢめられて体積《たいせき》が小さくなるほど，おし返す力は大きくなります。

3 [空気と水のせいしつ] **右の図のようにして，口でふいて飛《と》ばす水でっぽうをつくりました。これについて，次の問いに答えましょう。** (24点) 1つ8

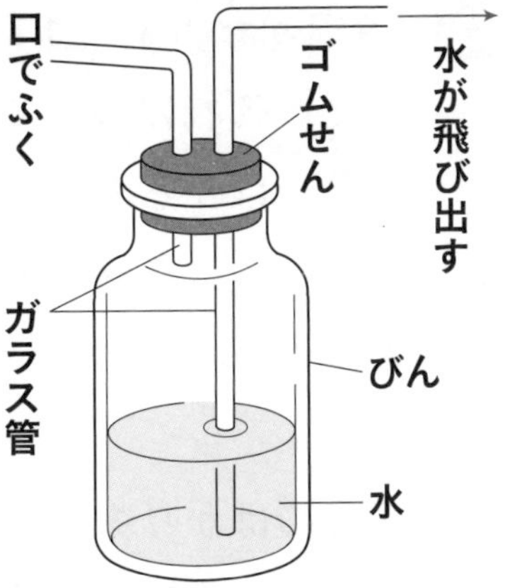

(1) 口でふいたとき，びんの中の何がおしちぢめられるのですか。次から選《えら》び，記号を書きましょう。 (　　)

ア 空気　**イ** 水　**ウ** 空気と水

(2) 水が飛び出すのは，(1)のおしちぢめられたものが，もとにもどろうとして何をおすからですか。 (　　　)

(3) この水でっぽうについて，正しいものを次からすべて選び，記号を書きましょう。 (　　　　)

ア 強くふくほど，水を遠くへ飛ばすことができる。

イ 弱くふくほど，水を遠くへ飛ばすことができる。

ウ 水が出るガラス管《かん》の先を細くすると，水が飛びにくくなる。

エ 水が出るガラス管の先を太くすると，水が飛びにくくなる。

4 [空気や水のせいしつの利用《りよう》] **次の問いに答えましょう。**

(1) ボールに空気をたくさん入れると，ボールがよくはずむようになるのはなぜですか。次から選び，記号を書きましょう。(8点) (　　)

ア 空気がおしちぢめられ，ボールがやわらかくなるから。

イ 空気がおしちぢめられ，ボールが重くなるから。

ウ 空気がおしちぢめられ，おし返す力が強くなるから。

(2) 次の**ア**～**カ**のうち，空気と水の両方のせいしつを利用したものを2つ選び，記号を書きましょう。(16点) 1つ8 (　　)(　　)

ア 注しゃ器《き》　**イ** 自転車のタイヤ　**ウ** 空気でっぽう

エ ポット　**オ** うきわ　**カ** きりふき

7 天気の変化《へんか》

月　日

〈時間〉20分　〈合かく〉80点　〈とく点〉　/100

答え→別さつ16ページ

1 ［気温のはかり方］**図1のようにして気温をはかりました。これについて，次の問いに答えましょう。**

図1

(1) 気温をはかるとき，**図1**のように温度計におおいをするのはなぜですか。その理由をかん単《たん》に書きましょう。（6点）

(　　　　　　　　　　　　　　　　　　　)

(2) 気温のはかり方について，次の文の(　)から正しいほうを選《えら》び，記号を書きましょう。（12点）1つ6

　気温は，風通しの①(**ア** よい　　**イ** 悪い)場所で，**図1**のようにして地面から②(**ア** 0.8～1m　**イ** 1.2～1.5m)の高さではかる。　①(　　　)　②(　　　)

図2

(3) **図2**は，気温をはかるじょうけんに合わせてつくられたものです。これを何といいますか。（6点）

(　　　　　)

(4) **図2**の色について，正しいものを次から選び，記号を書きましょう。

(　　　)（6点）

ア 内側《うちがわ》も外側も黒い。
イ 内側は黒いが，外側は白い。
ウ 内側は白いが，外側は黒い。
エ 内側も外側も白い。

(5) 次の①～③は**図2**のかべについて書かれたものです。正しいものには○，正しくないものには×をつけましょう。（18点）1つ6

① 雨が入らないように，1まいの大きな板でできている。
② 細長い板を組み合わせてできた「よろい戸」になっている。
③ 直しゃ日光や雨や風が入りにくいつくりになっている。

①(　　　)　②(　　　)　③(　　　)

ふく習のポイント！

- 気温のはかり方を覚《おぼ》えましょう。
- 天気と１日の気温の変化《へんか》との関係《かんけい》を調べましょう。
- 水が空気中に出ていく変化を調べましょう。

2 〔天気と１日の気温の変化《へんか》〕

右の図は，晴れの日と雨の日の１日の気温の変化をグラフに表したものです。これについて，次の問いに答えましょう。 （28点）１つ７

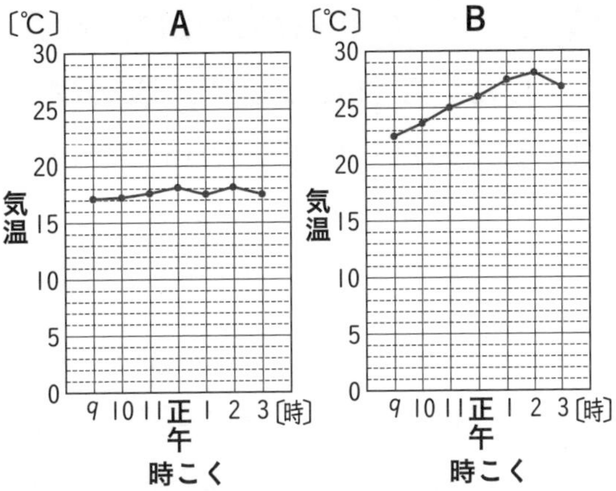

⑴ 雨の日のグラフは，A，Bのどちらですか。　（　　）

⑵ ⑴のように考えたのはなぜですか。理由をかん単《たん》に書きましょう。
（　　　　　　　　　　　　　　　　　　　　）

⑶ 晴れの日で，気温がいちばん高くなるのは何時ごろですか。
（　　　　）ごろ

⑷ 上の図から，１日の気温の変化は何に関係《かんけい》していると考えられますか。
（　　）

たいせつ **3** 〔水のゆくえ〕 **右の図のように，２つのコップに同じ量《りょう》の水を入れ，かた方にはラップシートのふたをかぶせて，どちらも日なたに置《お》きました。これについて，次の問いに答えましょう。** （24点）１つ８

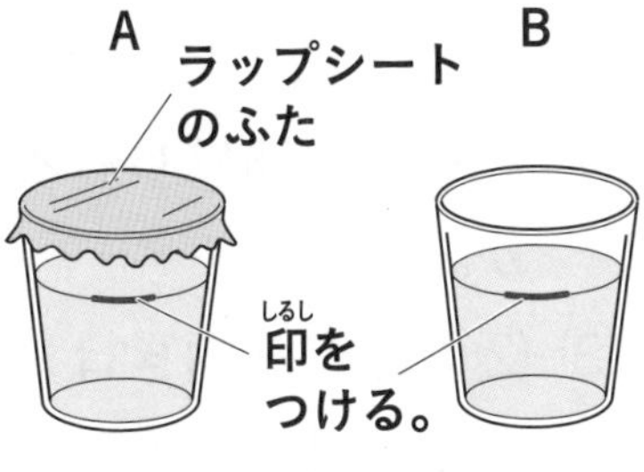

⑴ ３日後にそれぞれの水の量をくらべると，水の量が少ないのはA，Bのどちらですか。　（　　）

⑵ Aのコップやラップシートの内側《うちがわ》はどのようになっていますか。
（　　　　　　　　　　　　　　　　　　　　）

⑶ 水の量がへったのは，水が目に見えないすがたにかわって空気中に出ていったからです。このような変化を何といいますか。
（　　　　）

8 人のからだのつくり

月	日
〈時間〉20分	〈とく点〉
〈合かく〉80点	/100

答え→別さつ17ページ

1 [うでのつくり] **右のように，自分のうでをさわりました。これについて，次の問いに答えましょう。**

(1) うでのかたい所とやわらかい所には，それぞれ何がありますか。(10点) 1つ5

かたい所(　　　　)

やわらかい所(　　　　)

(2) うでには，ひじや手首のように曲げられるところがありました。この曲げられる部分を何といいますか。(5点) (　　　　)

(3) (2)の部分は，何のつなぎ目のところにありますか。(5点) (　　　　)

たいせつ **2** [ほねのつくり] **右の図は，人のほねのもけいを表しています。これについて，次の問いに答えましょう。**

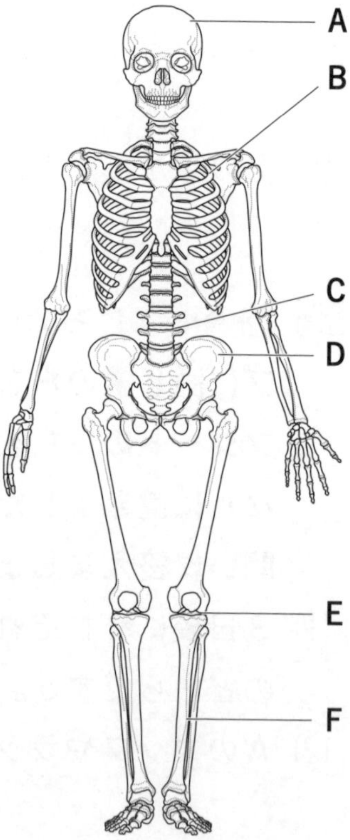

(1) 図の**A**～**F**のうち，からだを曲げられるところをすべて選《えら》び，記号を書きましょう。

(　　　　) (6点)

(2) からだを曲げられるところを何といいますか。(6点) (　　　　)

(3) (2)の曲がる向きは決まっていますか，決まっていないですか。(6点) (　　　　)

(4) **A**，**B**のほねにはどのような役わりがありますか。次からそれぞれ選び，記号を書きましょう。(12点) 1つ6

A(　　　　) **B**(　　　　)

ア 立ったり，しせいをたもつ。

イ のうをまもる。

ウ 心ぞうやはいをまもる。

ふく習のポイント！

- 人のからだのつくりで，関節《かんせつ》がどこにあるか調べましょう。
- 人や動物のほねときん肉のはたらきについて学習しましょう。

3 ［ほねときん肉のはたらき］ **下の図は，人のうでを曲げたりのばしたりしたときのようすを表しています。これについて，次の問いに答えましょう。**

うでを曲げる

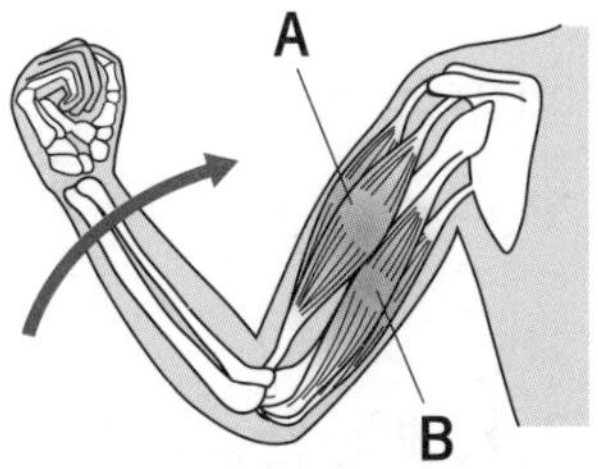

うでをのばす

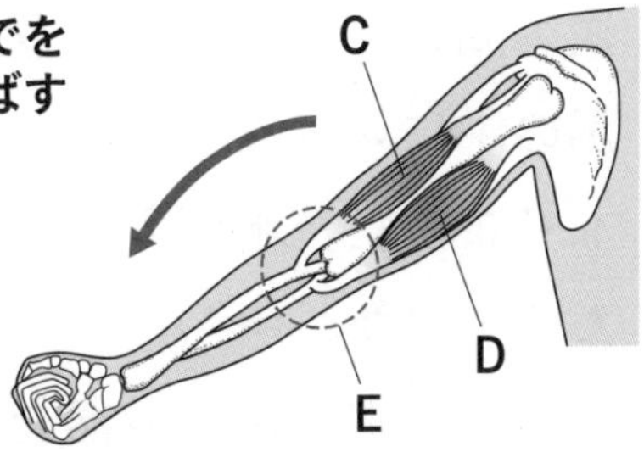

(1) うでを曲げたとき，A，Bのきん肉はそれぞれどうなりますか。

A（　　　　　） B（　　　　　） (8点) 1つ4

(2) うでに力を入れると，Aのきん肉のかたさはどうなりますか。(4点)

（　　　　　）

(3) うでをのばしたとき，C，Dのきん肉はそれぞれどうなりますか。

C（　　　　　） D（　　　　　） (8点) 1つ4

(4) Eの部分を何といいますか。(4点) （　　　　　）

(5) 人がからだを動かしたりできるのは，何と何のはたらきによりますか。

（　　　　　）と（　　　　　） (8点) 1つ4

たいせつ **4** ［動物のからだのつくり］ **右の図は，ウサギのうしろあしのつくりを表しています。これについて，次の問いに答えましょう。**

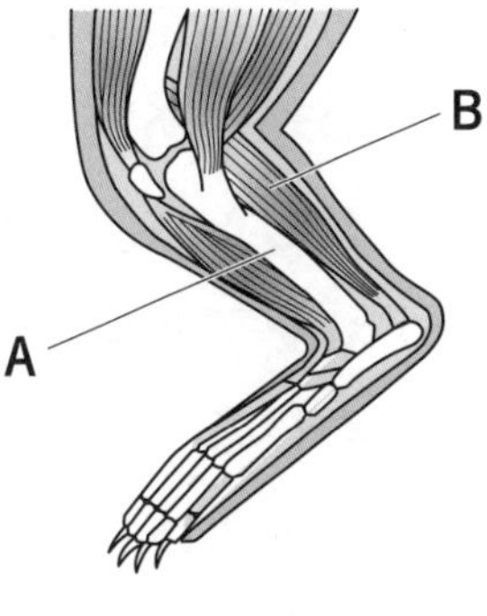

(1) A，Bの部分の名前をそれぞれ答えましょう。

A（　　　　　） B（　　　　　） (12点) 1つ6

(2) ウサギがからだを動かすことができるのは，何のはたらきによりますか。次から選《えら》び，記号を書きましょう。(6点)

（　　　　　）

ア Aだけ　　**イ** Bだけ　　**ウ** AとBの両方

9 空気・水・金ぞくの体積《たいせき》と温度

月　日
〈時間〉20分
〈合かく〉80点
〈とく点〉　/100

答え→別さつ17ページ

たいせつ **1** [空気・水の体積《たいせき》と温度] **同じ大きさの注しゃ器《き》の一方には空気を，もう一方には同じ体積の水を入れて，湯や氷水に入れました。これについて，次の問いに答えましょう。**

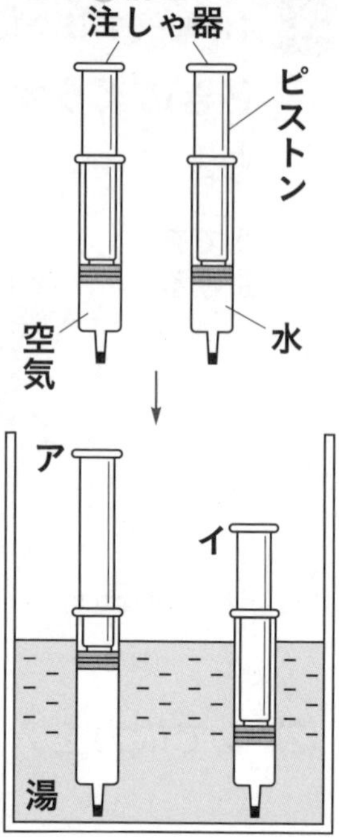

⑴ 湯の中に入れると，ピストンが下の図のようになりました。水が入っているのは，**ア**，**イ**のどちらですか。(8点)　(　　　)

⑵ 次に，２本の注しゃ器を氷水の中に入れました。ピストンの高さはどうなりますか。次から選《えら》び，記号を書きましょう。(8点)　(　　　)

ア どちらも同じ高さまで下がる。

イ どちらも下がるが，空気を入れたほうが高い。

ウ どちらも下がるが，水を入れたほうが高い。

⑶ 次の文の(　)にあてはまることばを書きましょう。(16点) 1つ8

空気や水は，ふつう温度が高くなると体積が(①)。また，温度が低《ひく》くなると体積が(②)。 ①(　　　　　) ②(　　　　　)

たいせつ **2** [金ぞくの体積と温度] **右の図のような，金ぞくの輪《わ》とそれをちょうど通りぬけることのできる金ぞくの球があります。これについて，次の問いに答えましょう。**(24点) 1つ8

⑴ 球をアルコールランプで熱《ねっ》すると，球は輪を通りぬけますか。　(　　　　　)

⑵ ⑴のようになるのは，金ぞくの球の体積がどのように変化《へんか》したからですか。　(　　　　　)

⑶ ⑴のあと，球を水で冷《ひ》やしました。球は輪を通りぬけますか。　(　　　　　)

ふく習のポイント!

- 空気・水・金ぞくはどれもあたためたり冷《ひ》やしたりすると体積《たいせき》が変化《へんか》しますが，変化の大きさはそれぞれでちがいます。
- 水や空気のあたたまり方は，金ぞくとはちがっています。

3 [金ぞくのぼうのあたたまり方] **右の図のように，し温シール(温度により色が変《か》わるシール)をつけ，ぼうを熱《ねっ》しました。これについて，次の問いに答えましょう。**（12点）1つ6

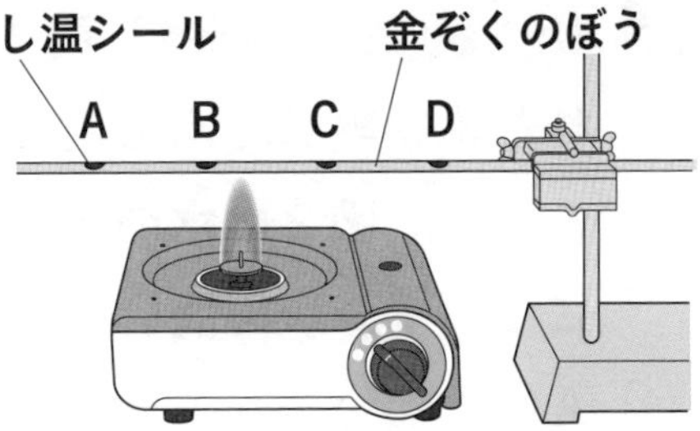

(1) 図のように熱すると，**A～D**はどのような順《じゅん》に色が変わりますか。変わる順に記号を書きましょう。（　　→　　→　　→　　）

(2) 図のぼうの右側《みぎがわ》が上になるようにかたむけて，同じところを熱しました。色が変わる順番は，(1)と同じですか，ちがいますか。

（　　　　）

4 [水と空気のあたたまり方] **図1のように，水を入れた2本の試験管《しけんかん》をあたためました。また，図2のように，けむりがたまったビーカーをあたためました。これについて，次の問いに答えましょう。**

図1

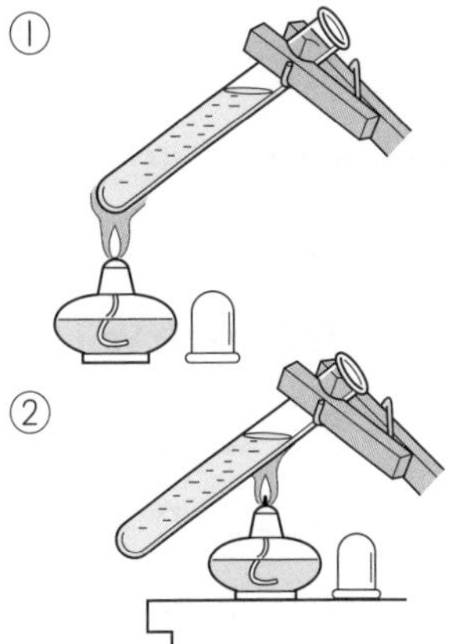

(1) **図1**の①，②で，先にあたたまるのは，上のほうですか下のほうですか。

（16点）1つ8

①（　　　　）

②（　　　　）

(2) **図1**で，水全体がはやくあたたまるのは①，②のどちらですか。（8点）（　　　）

(3) **図2**のビーカーの中のけむりの動きとして正しいものを，次から選《えら》び，記号を書きましょう。（8点）（　　　）

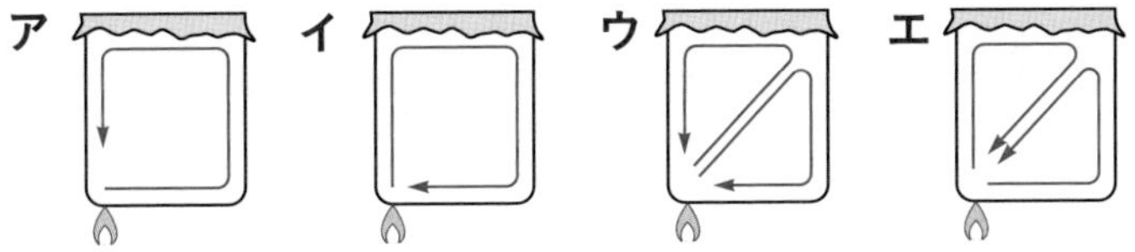

図2

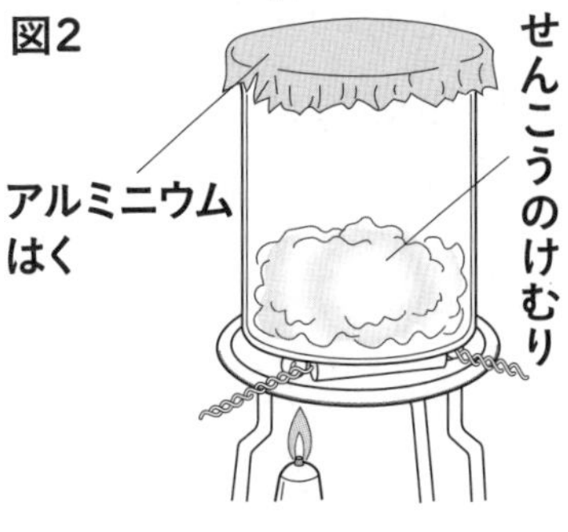

10 雨水のゆくえ，水のすがた

月　日

〈時間〉20分　〈合かく〉80点　〈とく点〉　/100

答え→別さつ17ページ

たいせつ **1** ［水を熱《ねっ》したときのようす］ **図１のように，ビーカーに入れた水を熱し，水の温度変化《おんどへんか》と水のようすを調べました。図２は水の温度変化のグラフです。これについて，次の問いに答えましょう。**（28点）1つ7

図１

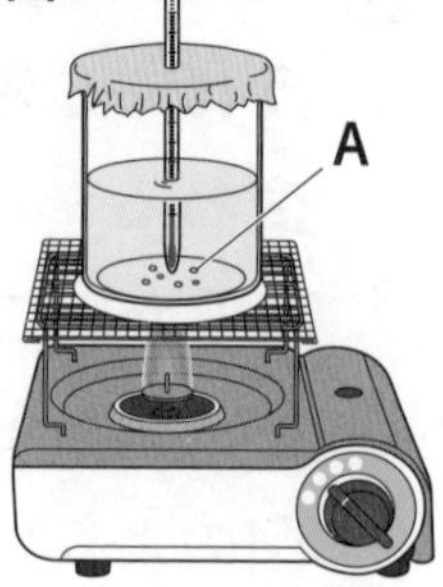

⑴ **A**は，熱《あつ》い湯がふき出さないようにするために入れます。**A**を何といいますか。（　　　　）

⑵ 水がふっとうするのは，**図２**の**B**～**E**のどのときですか。（　　）

図２

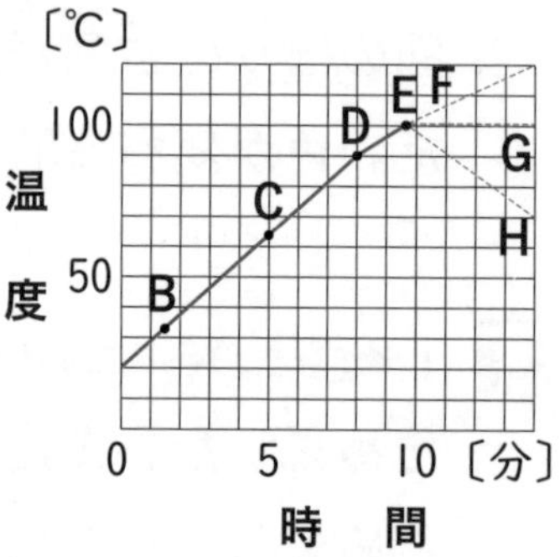

⑶ **E**の温度になったあとも熱し続《つづ》けると，水の温度は**F**～**H**のどのように変化しますか。（　　）

⑷ 水をふっとうさせ続けると，熱する前とくらべて水の量《りょう》はどうなりますか。（　　　　）

たいせつ **2** ［水を冷《ひ》やしたときのようす］ **右の図のように，ビーカーに氷を入れ，その中で水を入れた試《し》験管《けんかん》を冷やしました。これについて，次の問いに答えましょう。**（18点）1つ6

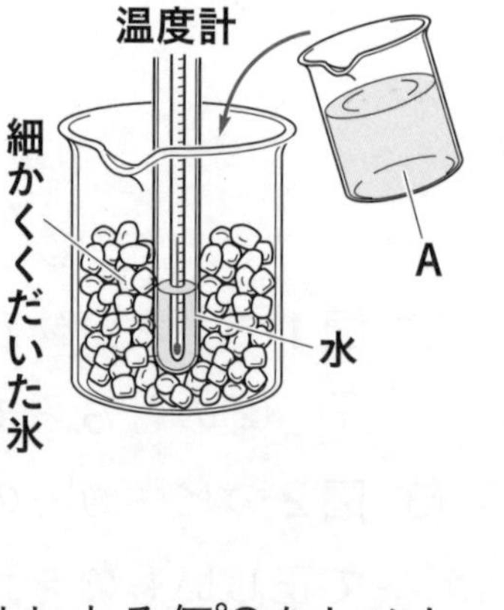

⑴ 試験管の中の水をよく冷やすために，氷の中に**A**を入れました。**A**は，何と水をまぜたものですか。（　　　　）

⑵ 試験管の中の水がこおりはじめたとき，温度計はおよそ何℃をしめしていますか。（　　　℃）

⑶ 水がこおりはじめてから全部こおってしまうまでの間，温度はどのように変化しますか。次から選《えら》び，記号を書きましょう。（　　）

ア 下がり続ける。　**イ** 上がりはじめる。　**ウ** 変《か》わらない。

ふく習のポイント！

水のすがたは，温度によって，固体《こたい》，えき体，気体と変化《へんか》します。水のすがたが変化するときの温度と体積《たいせき》を調べましょう。

3 ［雨水のゆくえ］ **雨の日に，水の流れや水たまりを観察《かんさつ》しました。これについて，次の問いに答えましょう。** (18点) 1つ6

(1) 水の流れがあるところの説明《せつめい》として正しいものを，次から選《えら》び，記号を書きましょう。　（　　）

ア 高いところから低《ひく》いところへ流れる。

イ 低いところから高いところへ流れる。

ウ 地面にかたむきがないところで流れる。

(2) 水たまりができるのは，高いところですか，低いところですか。

（　　）

(3) 水たまりができるところの土のつぶは，水たまりができないところにくらべて，大きいですか，小さいですか。　（　　）

たいせつ **4** ［水のすがたの変化《へんか》］ **右の図は，水の３つのすがたの変化を表しています。これについて，次の問いに答えましょう。**

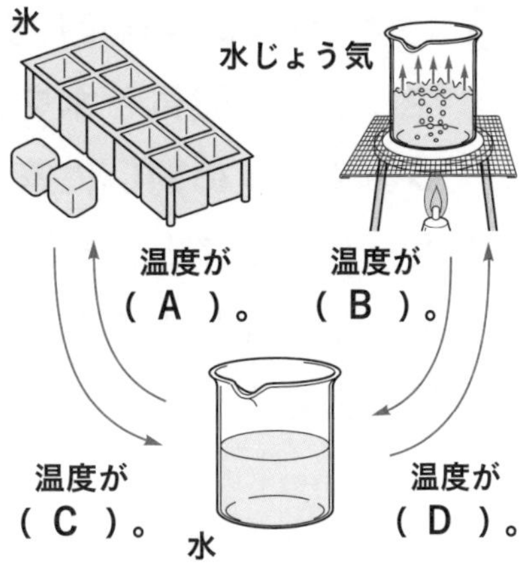

(1) 氷や石のようなもののすがたを何といいますか。(4点)　（　　）

(2) 水じょう気や空気のようなもののすがたを何といいますか。(4点)

（　　）

(3) 水やアルコールのようなもののすがたを何といいますか。(4点)

（　　）

(4) 図の**A**～**D**にあてはまることばを書きましょう。(16点) 1つ4

A（　　） **B**（　　） **C**（　　） **D**（　　）

(5) 次の①，②のときの温度は何℃ですか。(8点) 1つ4

① 水が氷になるとき　（　　℃）

② 水がふっとうするとき　（　　℃）

11 仕上げテスト

月　日

〈時間〉30分　〈合かく〉80点　〈とく点〉　/100

答え→別さつ17ページ

1 [生き物の1年間] **次の問いに答えましょう。**

(12点) 1つ4

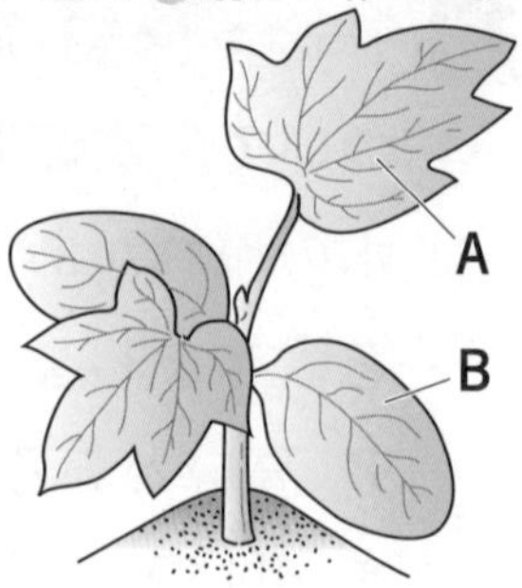

(1) 右の図は，ヘチマの芽《め》が出てしばらくしてからのようすです。AとBの葉はどちらが先に出ますか。記号を書きましょう。（　　）

(2) ヘチマが図のようになっているときの動物のようすを，次から選《えら》び，記号を書きましょう。（　　）

ア ツバメが大きく成長《せいちょう》したひなにえさをあたえている。

イ バッタが土の中にたまごを産《う》みつけている。

ウ オオカマキリのよう虫がたまごから出てくる。

(3) ヘチマの実がじゅくすのは，春・夏・秋・冬のいつですか。（　　）

2 [ものの体積《たいせき》と力，温度] **右の図のように，2つの注しゃ器《き》に空気と水をとじこめました。これについて，次の問いに答えましょう。**

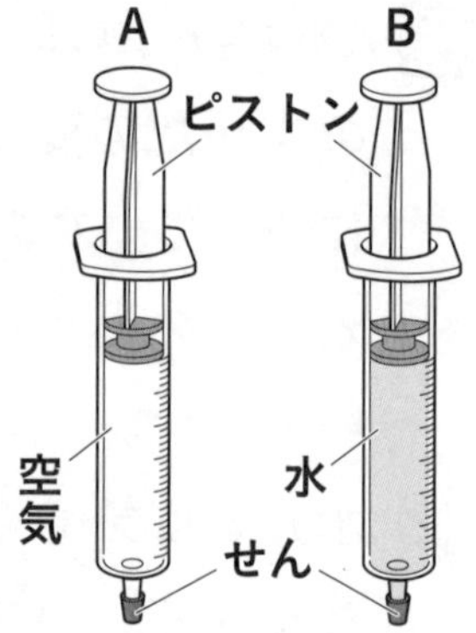

(1) A，Bのピストンを強くおすと，ピストンはどのようになりますか。次からそれぞれ選び，記号を書きましょう。(8点) 1つ4

A（　　）　B（　　）

ア いちばん下まで下がる。　**イ** とちゅうまで下がる。

ウ ほとんど動かない。

(2) (1)のあと，手をはなすと，Aのピストンはどうなりますか。(4点)

（　　）

(3) 次に，2つの注しゃ器を湯の中に入れると，ピストンはどうなりますか。次からそれぞれ選び，記号を書きましょう。(8点) 1つ4

ア 上に上がる。　**イ** 下に下がる。　**ウ** 動かない。

A（　　）　B（　　）

3 ［電池のはたらき］ **右の図のように，かん電池２こと豆電球をつなぎました。これについて，次の問いに答えましょう。**

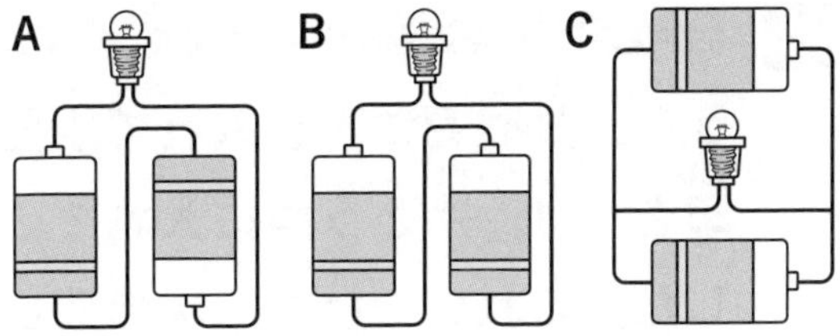

⑴ A～Cの中で，豆電球がいちばん明るいものには○，かん電池１このときと同じ明るさのものには△，豆電球がつかないものには×をつけましょう。（12点）１つ４　A（　　　）　B（　　　）　C（　　　）

⑵ ⑴で○をつけたもののかん電池のつなぎ方を何といいますか。（4点）

（　　　　　）

4 ［人のからだのつくり］ **右の図は，うでのつくりを表しています。これについて，次の問いに答えましょう。**

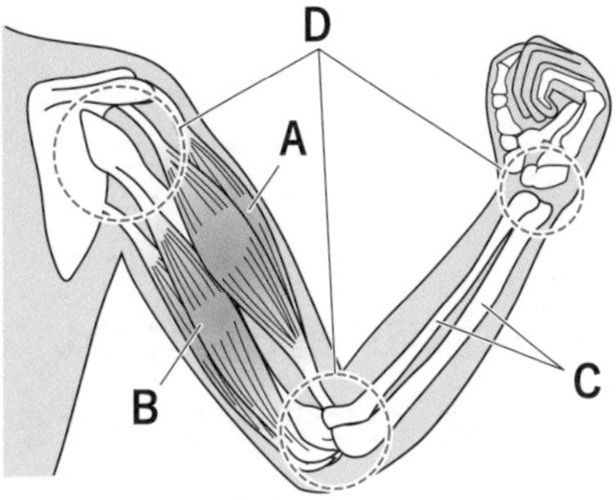

⑴ A，C，Dの部分を何といいますか。

（9点）１つ３

A（　　　　　）　C（　　　　　）

D（　　　　　）

⑵ 曲げているうでをのばすと，A，Bはどうなりますか。次から選《えら》び，記号を書きましょう。（3点）　（　　　）

ア　A，Bはどちらもちぢむ。　　イ　A，Bはどちらもゆるむ。

ウ　Aはちぢんで，Bはゆるむ。　　エ　Aはゆるんで，Bはちぢむ。

5 ［もののあたたまり方，水のすがた］ **右のように水をあたためました。これについて，次の問いに答えましょう。**　（12点）１つ４

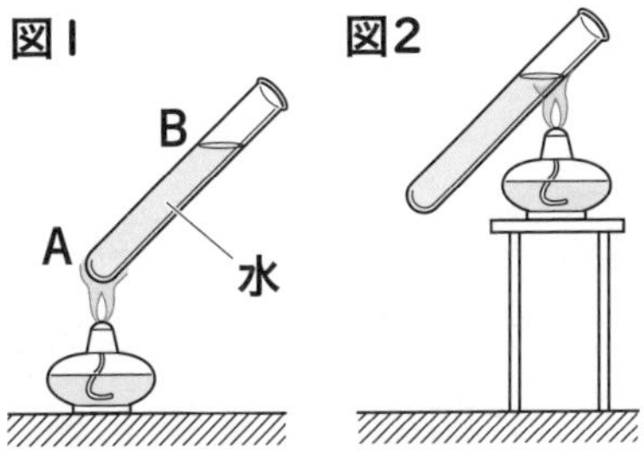

⑴ **図１**のAとBで，はやくあたたまるのはどちらですか。　（　　　）

⑵ **図１**と**図２**で，全体が100℃になるまでの時間がはやいのはどちらですか。　（　　　）

⑶ **図１**の全体が100℃になったあとも熱《ねっ》し続《つづ》けると，水の量《りょう》はへっていきました。それはなぜですか。（　　　　　　　　　）

6 ［水を冷《ひ》やしたときの体積《たいせき》の変化《へんか》］ **右の図のように，試験管《しけんかん》に水を入れて水面の位置《いち》に印《しるし》をつけ，冷《れい》とう庫に入れてこおらせました。これについて，次の問いに答えましょう。**（12点）1つ4

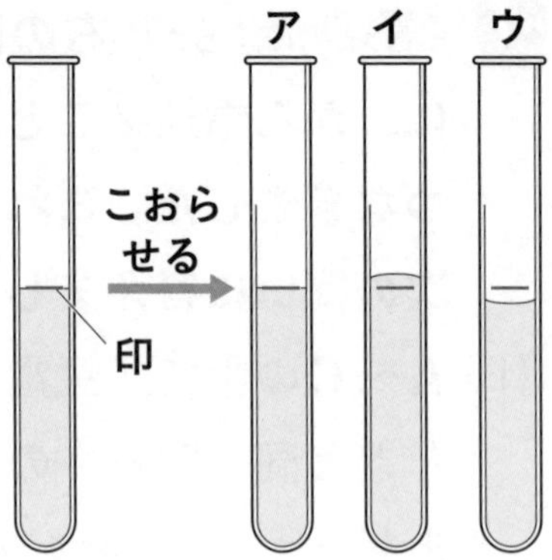

(1) 水がすべて氷になったときのようすは，図の**ア**～**ウ**のどれですか。記号を書きましょう。

（　　　）

(2) 水面の位置が(1)のようになった理由を説明《せつめい》した次の文の（　）にあてはまることばを書きましょう。

水が氷になると，（①　　　　）が（②　　　　　　）から。

7 ［星と月］ **星と月について，次の文のうち，正しいものには○，正しくないものには×をつけましょう。**（12点）1つ3

(1) 星の色にはちがいがあるが，星の明るさにはちがいはない。

(2) 時間がたつと，星の見える位置は変《か》わるが，星のならび方は変わらない。

(3) 月は，東からのぼり，南の空の高いところを通って西へと動く。

(4) 満月《まんげつ》は，夕方，西の空に見える。

(1)（　　）　(2)（　　）　(3)（　　）　(4)（　　）

8 ［金ぞくのあたたまり方］ **右の図のような，金ぞくの板のA～Dの部分にろうをぬって，×印の部分を熱《ねっ》しました。×印の部分を熱すると，A～Dのろうはどのような順《じゅん》でとけますか。とける順に記号を書きましょう。**（4点）

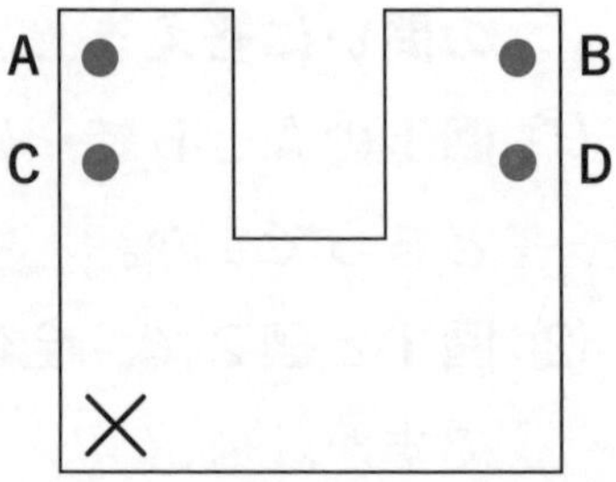

（　　→　　→　　→　　）

(1) 〔漢字〕――線a〜dの、かたかなは漢字に直し、漢字はその読み方を書きましょう。（4点）一つ1

a（　　　）　b（　　　）か

c（　　　）　d（　　　）く

(2) 〔言葉のきまり〕――線の、主語と述語《じゅつご》を答えましょう。（8点）一つ4

主語（　　　）　述語（　　　）

(3) 〔言葉を選《えら》ぶ〕 A 、 B に共通《きょうつう》して入る言葉を次から選び、記号で答えましょう。（8点）

ア 笑《わら》い声　イ 悲鳴　ウ かん声　エ 美声

（　　　）

(4) 〔内ようの理かい〕――線①にはどんな力がありますか。それがわかる部分を本文中から三十字以内《いない》でさがし、はじめと終わりの五字をぬき出しましょう。（8点）完答《かんとう》

□□□□□ 〜 □□□□□

たいせつ

(5) 〔人物の気持ち〕――線②とありますが、このときの「わたし」の気持ちを説明《せつめい》した次の文の□に入る四字の言葉を、考えて答えましょう。（8点）

歯を□□□□おけばよかった。

(6) 〔内ようの理かい〕――線③とは、何のことですか。本文中から二つ、それぞれ十字以内でぬき出しましょう。（12点）一つ6

□□□□□□□□□□

□□□□□□□□□□

(7) 〔理由の説明〕――線④とありますが、「わたし」がそのようにした理由を次から選び、記号で答えましょう。（8点）

ア 医師が何をするか知りたかったから。

イ 部屋の中の様子がめずらしかったから。

ウ 泣《な》いているのをかくしたかったから。

エ もうすぐ治療が終わるから。

（　　　）

〔甲南中―改〕

5 次の文章を読んで、あとの問いに答えましょう。

初《はじ》めて歯科医院に行ったのは小学校二年の夏である。①治療椅子《ちりょういす》に深くこしかけさせられた。医者がスリッパをはいた足で台をふむと、その度《たび》に椅子はせり上がって高くなっていった。そしてそれがとまった時、目の前にはガラスの台が置《お》かれてあり、その上にものものしいみがき光った器具がならべられてあった。やがて、それでも足りないと見えて、新手の七つ道具がまだ湯気を立てている[a]消毒器から取り出されて、一つ一つ[b]シズかに置かれた。

わたしはそれを見て観念《かんねん》した。もうにげることもかくれることもできないのだ。②こんなはずではなかったと思ったが、今となってはおそかった。だいたい歯医者の椅子というものは[c]フシギなもので、ベルト一本かけないで、患者《かんじゃ》たちをそこから動けないようにする力を持っている。だれも抵抗《ていこう》できない。すっかり意気地《いくじ》がなくなり、医者が近よらないうちから、自分の方で目をつむり、口を開ける。わたしもまたそのようにした。

わたしは口を三角に開けたり、長方形に開けたり、③布袋《ほてい》さんの背負《せお》っているふくろの形に開けたりした。青おにや赤おにがはいってくる度に、つばがたまり、しばらくすると口の中は海のようになり、その中を駆逐艦《くちくかん》や潜水艇《せんすいてい》が走った。はげしい海戦《かいせん》はいつも前ぶれなしに始まった。

わたしは時々 A をあげた。 B と言っても、口を開けっ放しにしているので、そう高い声にはならない。[d]短くふっきれて、口の中ではれつするだけである。いつか目からはなみだが出ている。

医師《いし》は時折《ときおり》わたしのすわっている椅子からはなれて治療室のすみの方へ行った。その度にわたしは相手がこんどはいかなるたくらみをなそうとしているか、それを知りたくて、④口を開けっ放しにしたまま、目を細く開いてみた。たいてい部屋のすみで何かしている医師のすがたは視野《しや》から外れていて、わたしのところからは見えなかった。

（井上《いのうえ》　靖《やすし》「魔法《まほう》の椅子《いす》」）

15 仕上げテスト

1 ［漢字の読み方］次の──線の漢字の読み方を書きましょう。（6点）一つ2

(1) 有名な城を見学する。（　　）

(2) 道が交差する。（　　）

(3) 外国の軍隊。（　　）

2 ［漢字の書き方］次の□に漢字を書きましょう。（6点）一つ2

(1) 新しい実験《じっけん》を□《こころ》みる。

(2) □□《いくじ》に協力《きょうりょく》する。

(3) 友だちの言葉を□□《しんよう》する。

3 ［部首・総《そう》画数］次の漢字の部首名を（　）に、総画数を（　）に数字で書きましょう。（20点）一つ2

答え↓別さつ23ページ

		部首名	総画数
(1)	課	（　　）	（　　画）
(2)	給	（　　）	（　　画）
(3)	芸	（　　）	（　　画）
(4)	祝	（　　）	（　　画）
(5)	順	（　　）	（　　画）

4 ［主語・述語《じゅつご》］次の文の主語には──線を、述語には══線を引きましょう。（12点）一つ3 完答《かんとう》

(1) 太陽が地平線からゆっくりとのぼる。

(2) 父は犬といっしょに散歩《さんぽ》にでかけた。

(3) 午後から大つぶの雨もはげしくふりだした。

(4) 君こそチームのキャプテンにふさわしい。

〈時間〉30分 〈合かく〉80点 〈とく点〉 /100

月　日

2 〔作文〕あなたは、友達《ともだち》と話をするときAとBのどちらが大切だと思いますか。AとBのどちらかを選《えら》んで記号で答え、選んだ理由を説明《せつめい》しましょう。（40点）完答《かんとう》

A 自分の話をしっかりと伝《つた》える。

B 相手の話をしっかりと聞く。

選んだ記号	わたしは、（　　）を選びました。
理由	なぜなら、（　　　　）からです。

たいせつ

3 〔作文〕次のメモをもとに、図書委員からのお知らせを六十字以内で書きましょう。（30点）

メモ
- ・図書委員によるお話会
- ・日時…七月二十日（土）　午前十時から
- ・場所…体育館
- ・プログラム…当日、受付《うけつけ》でわたす

図書委員からのお知らせです。

いっしょうけんめい練習したので、ぜひ来てください。

14 作文

1 次の文章を読んで、あとの問いに答えましょう。

「本って、読まなくちゃいけないの？」
そう思っている人もいるかもしれません。この質《しつ》問《もん》は、私《わたし》からすると、
「お風呂《ふろ》って、入らなくちゃいけないの？」
と聞かれているようなものです。
本を読まない人は、私にはお風呂に入っていない人のように見えます。最近《さいきん》は大学生の2人に1人は、1カ月間に1冊《さつ》も本を読まないという統計《とうけい》が出ています。それはすなわち、1カ月間に1回もお風呂に入っていないようなもので、私にはとても信《しん》じがたいことです。
本を読まずに一定レベル以上《いじょう》に頭をよくすることは難《むずか》しい、と考えてください。「本を読まなくても頭のいい人はいる」と言う人がいたとしても、その言葉を信じてはいけません。

（齋藤《さいとう》孝《たかし》「国語は語彙力《ごいりょく》！　受験に勝つ言葉の増《ふ》やし方」）

(1)［作文］この文章を読んで、次のような感想文を書きました。A・Cには自分で考えた言葉を書き、Bには、本文中から十四字でぬき出して書きましょう。（30点）一つ10

わたしは、この文章を読んでAについて、もう一度考え直しました。筆者は、本を読むことが、Bことにつながると書いていますが、それは読書によってCからだと思います。それなのに、大学生の2人に1人は1カ月間に1冊も本を読まないということに、わたしはとてもおどろきました。

A（　　　　）
B □□□□□□□□□□□□□□
C（　　　　）

ふく習のポイント！
- 中心になる場面を考えて書きます。
- まとまりや順《じゅん》じょを考えて書きます。
- 自分の気持ちなどが伝《つた》わるように書きます。

答え↓別さつ23ページ

〈時間〉30分　〈合かく〉80点　〈とく点〉　/100

月　日

2 次の詩を読んで、あとの問いに答えましょう。

キリギリス

阪本越郎《さかもとえつろう》

青々した　キリギリス
草のはっぱにまぎれて
ときどきノコギリの音をたてる
草のはっぱで　家をたてようと
せいだす　だいくさん——
うまく　いかないので
道にとびだして
たばこのヤニを　はいたりする
でも　月のいいばんには
いっしょうけんめい
ノコギリをひいています
月の光と　キリギリスの草のはっぱ
青い青い世界は □

(1) 〔場面の様子〕この詩を二つの場面に分けるとすると、後半はどこからですか。行の番号で答えましょう。（10点）
（　　）

(2) 〔表げんのくふう〕この詩では、キリギリスが別《べつ》の言葉で表されています。詩の中から五字でぬき出しましょう。（10点）

(3) 〔理由の説明《せつめい》〕——線のような様子になるのは、キリギリスと葉っぱのどこがにているからですか。かんたんに書きましょう。（10点）
（　　）

(4) 〔表げんのくふう〕この詩では、キリギリスの鳴き声を何にたとえていますか。詩の中から六字でぬき出しましょう。（10点）

(5) 〔言葉を選ぶ〕□に入る言葉を次から選び、記号で答えましょう。（20点）

ア おとなしい　**イ** やかましい
ウ おそろしい　**エ** やわらかい
（　　）

〔昭和学院中—改〕

13 詩を読む

ふく習のポイント！

- 詩の内ようや表げんのくふうなどに気をつけて読みます。
- 組み立てを考え、感動の中心を読み取ります。

〈時間〉30分 〈合かく〉80点 〈とく点〉 /100

月 日

答え↓別さつ22ページ

1 **次の詩を読んで、あとの問いに答えましょう。**

水と風

江《え》間《ま》章《しょう》子《こ》

わたしが好《す》きな水のにおい
ふるさとの村を
たてとよこにながれている
小さな川の水のにおい
①それにもまして
□風のにおい

風よ
わたしはあなたが好きだ
松林《まつばやし》をくぐりぬけて
あなたがくるとき
空を見あげて
②わたしは白くなる

(1) [こそあど言葉] ——線①が指しているものを次から選《えら》び、記号で答えましょう。(10点)

ア ふるさとの村
イ 水のにおい
ウ 小さな川

(　　)

(2) [言葉をさがす] □に入る言葉を、詩の中から七字でぬき出しましょう。(10点)

□□□□□□□

(3) [人物の気持ち] ——線②とは、どのような気持ちですか。次から選び、記号で答えましょう。(20点)

ア なつかしくて、せつなくなる。
イ ものたりなくて、さびしくなる。
ウ すがすがしくて、すなおになれる。
エ うらやましくて、くやしくなる。

(　　)

〔広島大附属東雲中〕

空をとぶことはできません。なぜかというと、うまれたてのひなは羽毛だけで、**C** ための羽がないからです。

13 羽がはえるまでには、数か月かかります。しかしニワトリは、ほかの野鳥のように、空高くまいあがることができません。

14 ニワトリと同じなかまのキジやヤマドリやライチョウも、うまれるとすぐに歩きまわって、えさをひろいます。キジやヤマドリは野鳥ですから、ニワトリとちがって、**D**。これらの鳥は、地上に巣《す》をつくるのがとくちょうです。

（清水《しみず》 清《きよし》「たまごのひみつ」）

(1) 〔つなぎ言葉〕 **A**・**B** に入る言葉を次から選《えら》び、記号で答えましょう。（20点）一つ10

ア また　**イ** ところが　**ウ** なぜなら

A（　　） B（　　）

(2) 〔内ようの理かい〕 ――線とありますが、これはどのような考えのしょうこになっていますか。次の（　）に入る言葉を、本文中からぬき出しましょう。（20点）一つ10

魚や鳥やヒトの（　　　　）は、（　　　　）だったのではないかという考え。

(3) 〔言葉を選ぶ〕 **C** に入る言葉を、12段落《だんらく》の中から四字でぬき出しましょう。（20点）

(4) 〔言葉を選ぶ〕 **D** に入る言葉を次から選び、記号で答えましょう。（20点）

ア なかなか羽がはえません
イ 巣の中でえさを食べます
ウ 空をとおくまでとびます
エ 地上を歩くことができます

（　　）

(5) 〔段落こう成《せい》〕 この文章を内ようから考えて大きく二つに分けると、後半はどの段落から始まりますか。段落番号で答えましょう。（20点）

（　　）

12 記録《きろく》文を読む

ふく習のポイント！
- 何を記録した文なのかを読み取ります。
- 事実に照《て》らして、書かれた内ようを正かくに読み取ります。

〈時間〉20分　〈合かく〉80点　〈とく点〉　/100　月　日

答え↓別さつ22ページ

1 **次の文章を読んで、あとの問いに答えましょう。**

1 たまごから、子どもになるまでの変化《へんか》を、いろいろな動物で、くらべてみましょう。

2 メダカは、水中生活をする魚です。カエルは、水と陸《りく》の両ほうで生活します。ニワトリは、陸だけで生活します。

3 このように、メダカもカエルもニワトリも、生活する場所はちがうし、親になったときの大きさ、形もたいへんちがっています。

4 [A]、ふしぎなことに、たまごの中で育つようすをくらべてみますと、よくにたところがあるのに、おどろかされます。

5 まずはじめは、細ぼうがこまかくわれて、数がふえます。そして神経《しんけい》や目ができます。このころのメダカもニワトリも細長く、魚のようで、よくにています。

6 つづいて、はいのからだはまがり、目や尾《お》やせきずいが、だんだんつくられていきます。

7 [B]、はいは水中生活をしています。ニワトリは、羊水《ようすい》という水の中にういています。

8 おもしろいことに、ニワトリにもヒトにも、魚のようなえらをもつ時期があるということです。魚でもない鳥やヒトが、どうしてえらなどあるのかふしぎですね。

9 このようにして、はいの育ちはじめは、魚も、鳥も、ヒトもよくにていて、区別《くべつ》しにくいくらいです。

10 このことは、これらの動物の祖先《そせん》が、きっと同じだったのではないかという考えのしょうこになっています。

11 ニワトリは、うまれるとすぐ歩きだします。ですから、たまごの中で、羽毛《はねげ》のはえたひなにまで成長《せいちょう》してうまれるのです。

12 ひなは、地上を歩きまわることはできますが、ぱいではと思えるものもあります。しかし、それで生きのびてきたということは、進化の道すじは何通りかあって、答えは一つではない、ってことになりますね」
遠藤さんの考えを聞くと、②進化のふしぎさをとても感じる。
そしてわたしたちヒトは、この先、どのようにかわるのだろう。答えは一つではないというから、いろいろそうぞうされるが、きみは、どんなすがたを思いうかべるだろうか？

（山本省三《やまもとしょうぞう》「すごい目玉をもったアザラシがいる！」）

＊遠藤さん＝動物学者の遠藤秀紀《ひでき》さんのこと。
＊こめかみ＝耳と目の間の部分。ものをかむと動く。

(1) [つなぎ言葉] A・B に入る言葉を次から選《えら》び、記号で答えましょう。（20点）一つ10

A（　　）　B（　　）

ア あるいは　イ では　ウ つまり

たいせつ

(2) [内ようの理かい] ――線①に対する答えとして、次の（　）に入る言葉を、本文中からぬき出しましょう。（20点）一つ10

かなり小さくなった（　　）のかわりに、（　　）の力が強くなって、あごを動かしている。

(3) [内ようの理かい] ――線②について、次の問いに答えましょう。

① 「進化」とはどうなることですか。本文中から二十二字でさがし、はじめの五字をぬき出しましょう。（30点）

□□□□□

② 筆者はどのようなことについてふしぎさを感じましたか。あてはまるものを次から選び、記号で答えましょう。（30点）（　　）

ア 進化の道すじはいくつもあり、一つではないこと。
イ 動物の中でヒトだけ、進化の仕方がちがうこと。
ウ バイカルアザラシの進化の仕方は、なかまの進化の仕方にくらべて成功《せいこう》していること。
エ バイカルアザラシは、目をさらに大きくするという進化を今も続《つづ》けていること。

11 説明《せつめい》文を読む

ふく習のポイント！
- 話題が何かを正しく読み取ります。
- 理由と結果《けっか》を正しく読み取ります。
- 文章の組み立てを読み取ります。

〈時間〉20分 〈合かく〉80点 〈とく点〉/100

月 日

答え↓別さつ22ページ

1 次の文章を読んで、あとの問いに答えましょう。

ふつう動物は、あごを動かすのに、ほおと＊こめかみにある二つのきん肉を使っている。

＊遠藤《えんどう》さんが見たところ、バイカルアザラシには、こめかみのあたりまで目玉があるので、そこにあるはずのきん肉は、かなり小さくなっていたという。

「バイカルアザラシと近いしゅるいで、目玉の小さいワモンアザラシには、こめかみのきん肉はきちんとした大きさがあります。［A］、これはバイカルアザラシが目玉を大きくしたせいで、こめかみのきん肉をなくしかけているあかしといえます」

バイカルアザラシのあごを動かすきん肉は、大きな目玉に、あるべき場所をとられてしまったわけだ。

でも、あごを動かすきん肉がなければ、えさの魚をかみくだけない。えさが食べられなくては、生きていけない。生きていけなければ、目玉を大きくして、えものがよく見えるようにした意味がないことになる。

［B］、①バイカルアザラシは、どうやってあごを動かしているのだろう。

遠藤さんはこう答えを出した。

「動物の体は、一つがおとろえると、ほかの部分がおぎなうようになるものです。

たぶん、ほおのきん肉の力が強くなって、それであごを動かしているのでしょう」

今生きている動物は、そせんとかなり体の形がちがう。たまたま体の形やはたらきがかわって、くらしに合ったものだけが生きのこったためだ。

このように、生きのびるために体の形やはたらきがかわることを進化とよぶ。ただ、バイカルアザラシの場合は、目を大きくしすぎてしまったように見える。

遠藤さんは、進化についてこう思っている。

「進化の仕方は、それぞれの動物によってちがいます。

バイカルアザラシの大きすぎる目や、重すぎるヒトの頭など、なかまの進化の仕方とくらべて、しっ

「まだだ。」
③二人が顔を合わせるとそう言いあうようになったのは、④それからのことだった。（三《み》田《た》村《むら》信行《のぶゆき》「飛ぶゆめ」）

(1) 〔言葉を選《えら》ぶ〕 A・C・D に入る言葉を次から選び、記号で答えましょう。（30点）一つ10

ア おまえ、まだ見てないのかよう。話になんねえな。
イ ゆうべ、おれ、空を飛《と》ぶゆめを見たよ。
ウ そういえば、おれもこのまえ見たっけ。

A（　　）　C（　　）　D（　　）

(2) 〔言葉を選ぶ〕 B に入る言葉を次から選び、記号で答えましょう。（10点）

ア つまらなさそうに　イ とくいそうに
ウ おこったように　エ はずかしそうに

（　　）

(3) 〔こそあど言葉〕 ——線①が指しているのは、どういうことですか。（20点）

（　　）

(4) 〔言葉の意味〕 ——線②の意味を次から選び、記号で答えましょう。（10点）

ア びくびくおびえながら
イ 悲しい気持ちになって
ウ あらかじめ相談しておいて
エ おたがいに見せ合って

（　　）

(5) 〔内ようの理かい〕 ——線③とはだれとだれですか。本文中からぬき出しましょう。（10点）完答《かんとう》

（　　）と（　　）

たいせつ

(6) 〔場面の理かい〕 ——線④が指す内ようを説明《せつめい》した次の文の（　）に入る言葉を、本文中からぬき出しましょう。（20点）一つ10

空を飛ぶゆめを見ていない者が友太《ゆうた》と大助《だいすけ》の（　　）になってしまい、空を飛ぶゆめを見るまでは、（　　）に入れないようになってから。

10 物語を読む

ふく習のポイント！
- 場面（時・場所・登場人物）をとらえます。
- 場面の変化《へんか》やできごとをとらえます。
- 人物の気持ちの変化を読み取ります。

〈時間〉20分　〈合かく〉80点　〈とく点〉　/100　　月　日

答え↓別さつ22ページ

1 次の文章を読んで、あとの問いに答えましょう。

ことの起こりというか、始まりは、二週間前、クラスメートの沢田健一《さわだけんいち》が、

「[A]」

と言ったことからだった。

「あら、あたしなんか、もう何回も見ているわ。」

吉川《よしかわ》マリが[B]言い、

「[C]」

成松勇二《なりまつゆうじ》がつづいて言った。すると、

「あたしだって、見たわ。」

「おれだって。」

みんな口ぐちに言いだし、クラスの半分以上《いじょう》が、これまでに空を飛《と》ぶゆめを見ていることがわかった。

①それだけだったら、なんてことはなかった。あくる日から三人、五人と、空を飛んだゆめを見た者がつづけざまに出てきて、話がおかしくなってきた。

つまり、空を飛ぶゆめを見ることが、はやりみたいになってしまったのだ。見た者は見た者どうしでかたまって、そのゆめがどんなに楽しくすばらしかったかを語りあった。そして、

「[D]」

「あんなすてきなゆめを見てないなんて、かわいそうねえ。」

などと、見てない者はだんだん仲間《なかま》はずれにされていった。空を飛ぶゆめを見た者はその後も増《ふ》えつづけて、二週間後には、見てない者はクラスで友太《ゆうた》と大助《だいすけ》の二人だけになってしまった。二人はあせった。二人で②しめしあわせて、「見たよ」とうそをついてみたが、みんなにゆめの内容《ないよう》を問いただされて、うそはばれてしまった。とにかく、じっさいに空を飛ぶゆめを見ないことには、みんなの仲間に入れないのだ。

「まだか？」

アニーは、くたくたにつかれました。それに、ヘレンにぶたれたり、けられたりしたので、からだのあちこちがいたみました。
　しかし、ヘレンが、やっとのことで、スプーンを持って、おとなしく、しょくじをはじめたのを見たとき、④アニーの目からは、うれしなみだがあふれでました。

（山本和夫《やまもとかずお》「明るい話・正しい人」）

(1)〔言葉を選《えら》ぶ〕□に入る言葉を次から選び、記号で答えましょう。（10点）

ア たとえば　**イ** しかし
ウ ところで　**エ** あるいは

（　　）

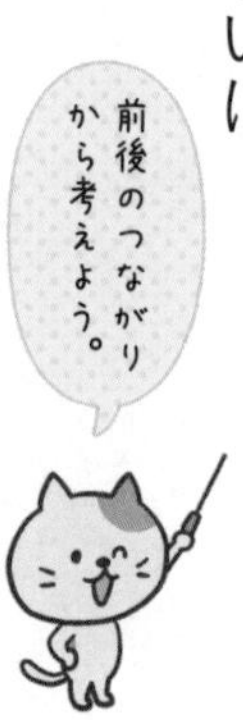

(2)〔内ようの理かい〕――線①とありますが、だれを、どのようにしておくことを表していますか。考えて答えましょう。（40点）一つ20

だれを（　　）
どのように（　　）

(3)〔言葉の意味〕――線②の意味を次から選び、記号で答えましょう。（10点）

ア 相手がおそれるほど、きびしくする。
イ かわいそうだと思いながら、きびしくする。
ウ 何も考えずに、きびしくする。

（　　）

(4)〔人物の気持ち〕――線③とありますが、このときのアニーの気持ちを次から選び、記号で答えましょう。（20点）

ア ヘレンのおとうさんとおかあさんが、じゃまだと思っている。
イ 自分が、ヘレンにきびしくしているのを、だれかに見られるのをおそれている。
ウ ヘレンと二人きりになって、しっかりヘレンをしつけようと、決心している。

（　　）

たいせつ

(5)〔理由の説明《せつめい》〕――線④とありますが、なぜ、アニーはうれしかったのですか。（20点）

（　　）

9 伝《でん》記《き》を読む

英語
算数
社会
理科
国語

ふく習のポイント！
- 生《お》い立ちを読み取ります。
- すぐれた生き方や行いをつかみます。
- 文章を通して作者の考えを読み取ります。

〈時間〉20分　〈合かく〉80点　〈とく点〉　/100　月　日

答え↓別さつ21ページ

1 **次の文章を読んで、あとの問いに答えましょう。**

ヘレンは、ひとからこんなにきびしくされたのは、はじめてでした。思うようにさせてくれないので、きゃあ、きゃあ、へんな声をたてて、なきさけび、テーブルをどんどんたたいて、あばれました。

おとうさんも、おかあさんも、しんぱいそうに、ヘレンとアニーのほうを見ています。

その目は、

「先生、そんなにきびしくしては、この子がかわいそうです。」

と、いっているようでした。

きびしくすると、かわいそうだということは、アニーも、よくしっていました。□、かわいそうだからといって、①このままにしておいては、ヘレンは、いつまでも、手づかみでごはんをたべるでしょう。かわいそうでも、②心をおににして、だれかが、ヘレンをみちびいてやらなければならないのです。

「そのしごとこそ、わたしのしなければならないものなのだ。」

と、アニーは思いました。

アニーは、ヘレンのおとうさんやおかあさんに、えんりょすることをやめました。

ヘレンはあばれるし、先生はますますきびしいので、おとうさんもおかあさんも、そばにいるのがつらくなったのでしょう。しょくどうのそとへでていきました。

③アニーは、中から、かぎをかけました。そして、あばれるヘレンをいすにかけさせ、右手にスプーンを、むりににぎらせました。

ヘレンは、すぐに、スプーンをゆかになげすてました。それをひろって持たせる、なげる、またひろって持たせる……いくど、このあらそいがつづいたでしょう。

3 **【主語・述語《じゅつご》】次の会話文は、主語が省《はぶ》かれています。（　）に入る主語を書きましょう。**（12点）一つ4

(1)「かず子さん、どんな楽器《がっき》が好《す》きですか。」
「（　）ピアノが好きです。」

(2)「お父さんは、どちらへ行かれましたか。」
「（　）北海道に行きました。」

(3)「原田《はらだ》君、きみはもう宿題をすませましたか。」
「いいえ、（　）まだすませていません。」

4 **【主語・述語の対おう】次の文が、主語と述語が整った文になるように、（　）に入る言葉をあとから選《えら》んで書きましょう。**（12点）一つ3

(1) 赤ちゃんの手は、小さくて（　）。

(2) 二ひきのさるが、すもうを（　）。

(3) （　）ワンワンとほえています。

(4) （　）ザーザーとふってきました。

ねこが　とっている　雨が　かわいい
上手だ　おいしい　犬が　粉雪《こなゆき》が

5 **【主語・述語・文型《ぶんけい》】次の文の主語と述語を（　）に書きましょう。また、あてはまる文の形をあとから選び、〔　〕に記号で答えましょう。**（30点）一つ2

(1) 妹は、ワンピースを　着た。
（　）（　）〔　〕
主語　述語

(2) 母は　目が　回るほど　いそがしい。
（　）（　）〔　〕

(3) ぼくは　今日は　一日　市場の　店番だ。
（　）（　）〔　〕

(4) おしろの　屋根がわらが　夕日を　あびて光る。
（　）（　）〔　〕

(5) 話題の　映画《えいが》は　とても　おもしろかった。
（　）（　）〔　〕

ア 何が―どうする　**イ** 何が―どんなだ
ウ 何が―何だ

8 文の組み立て

ふく習のポイント!
・主語と述語《じゅつご》のはたらきをおさえます。
・主語と述語の三つの文型《ぶんけい》を理かいします。
・主語と述語が対おうした文を書きます。

〈時間〉20分　〈合かく〉80点　〈とく点〉　/100　月　日

答え↓別さつ21ページ

1 [主語・述語《じゅつご》] **次の文の主語には——線を、述語には＝＝線を引きましょう。**（28点）一つ4 完答《かんとう》

たいせつ

(1) チューリップの花がさく。

(2) 今年の夏は、とても暑い。

(3) ぼくの弟が大声で笑《わら》った。

(4) コアラの赤ちゃんは、とてもかわいい。

(5) わたしの姉は、今年から大学生だ。

(6) いきなり、くじらがしおをふいた。

(7) あの白い建物《たてもの》は、父の病院だ。

2 [三つの文型《ぶんけい》] **次の文にあてはまる形をあとから選《えら》び、記号で答えましょう。**（18点）一つ3

(1) さくらの花が、いっせいに散《ち》った。（　）

(2) ぼくは、サッカー部のゴールキーパーだ。（　）

(3) まっかなばらの花が美しい。（　）

(4) 今年は、初雪《はつゆき》が少しおそいようだ。（　）

(5) 強風で電車がおくれる。（　）

(6) あのねこは、とらねこだ。（　）

ア 何が―どうする　**イ** 何が―どんなだ
ウ 何が―何だ

たいせつ

3 〔つなぎ言葉〕 **次の（　）に入る言葉をあとから選び、記号で答えましょう。** （15点）一つ3

(1) 雨がふり続《つづ》いた。（　）道はそんなに悪くない。

(2) 兄は絵がうまい。（　）走りも速い。

(3) 今日は歩きすぎだ。（　）ゆっくり休もう。

(4) お昼はカレーライスにしますか。（　）パスタにしますか。

(5) 目をとじた。（　）心が静《しず》まってきた。

ア だから　**イ** すると　**ウ** だが

エ それとも　**オ** そのうえ

4 〔つなぎ言葉〕 **次の（　）に入る言葉を、指定された字数のひらがなで書きましょう。** （12点）一つ3

(1) 夏が来る（　）、せみが鳴きだす。（一字）

(2) 練習はした（　）、試合《しあい》で負けた。（二字）

(3) 緑は美しい（　）、風もさわやかだ。（一字）

(4) 雪がふった（　）、旅行は中止だ。（二字）

5 〔文と文をつなぐ〕 **次の（　）にはア「けれども」、イ「だから」のどちらが入りますか。記号で答えましょう。** （12点）一つ3

(1) 明日は入学式だ。（　）、早くねよう。

(2) とても悲しいことがおきた。（　）、泣《な》きはしなかった。

(3) おなかがすいた。（　）、今は何も食べることができない。

(4) 台風が近づいてきた。（　）、学校は休みになるかもしれない。

6 〔文と文をつなぐ〕 **次のそれぞれの文を、つなぎ言葉を使って、一つの文にしましょう。** （9点）一つ3

(1) 姉はつかれている。休もうとしない。

（　）

(2) 遊園地で観《かん》らん車に乗った。ボートにも乗った。

（　）

(3) 寒い。ストーブをつけよう。

（　）

7 こそあど言葉・つなぎ言葉

ふく習のポイント！

・こそあど言葉の意味・用法《ようほう》を覚《おぼ》え、指している内ようをつかみます。
・つなぎ言葉を正しく使い分けます。

答え↓別さつ20ページ

〈時間〉20分　〈合かく〉80点　〈とく点〉　/100　月　日

1 【こそあど言葉】**次の（　）に入る言葉をあとから選《えら》び、記号で答えましょう。（記号は一度しか使えません。）**（24点）一つ4

(1) （　）に見える公園まで走りましょう。

(2) 四年二組に転校生が一人やってくるそうです。（　）子かとても楽しみです。

(3) わたしの着ているブラウス、（　）は母が買ってくれました。

(4) まもなく（　）にとう着しますので、少しお待ちください。

(5) ピアノの発表会に着ていく服は（　）にしようかな。

(6) やっと着いたね。（　）が富士山《ふじさん》のちょう上だ。

ア ここ　**イ** これ　**ウ** そちら
エ あそこ　**オ** どれ　**カ** どんな

2 【こそあど言葉】**次の——線の言葉が指している言葉を書きましょう。**（28点）一つ4

(1) 良子《よしこ》さんのとなり、そこが君の席《せき》です。（　）

(2) 向こうに赤い屋根が見えます。あれがおじの家です。（　）

(3) 新種《しんしゅ》の発見、これは大ニュースだ。（　）

(4) 大きな池がありますが、そちらで遊んではいけません。（　）

(5) 奈良《なら》の吉野山《よしのやま》、ここはさくらの名所です。（　）

(6) 必《かなら》ず晴れるかと言うと、そうとも言い切れない。（　）

(7) 図書館で借《か》りた本、それは『昆虫記《こんちゅうき》』です。（　）

3【反対のことわざ】次のことわざと反対の意味のことわざをあとから選び、記号で答えましょう。（28点）一つ4

(1) わたる世間におにはなし（　　）
(2) 善《ぜん》は急げ（　　）
(3) 月とすっぽん（　　）
(4) 好《す》きこそものの上手なれ（　　）
(5) 転ばぬ先のつえ（　　）
(6) とびがたかを生む（　　）
(7) 立つ鳥あとをにごさず（　　）

ア へたの横好き
イ どんぐりの背《せい》くらべ
ウ 人を見たらどろぼうと思え
エ かえるの子はかえる
オ どろぼうをとらえてなわをなう
カ 急がばまわれ
キ あとは野となれ山となれ

4【慣用句《かんようく》の使い方】次の（　）に入る慣用句をあとから選び、必要《ひつよう》があればふさわしい形に直して書きましょう。（30点）一つ5

(1) あの人の言ったことを（　　）て、大失敗《だいしっぱい》してしまった。
(2) ずるがしこい犯人《はんにん》が（　　）のを、しんぼう強く待つ。
(3) テストが終わったので、思うぞん分（　　）ことができる。
(4) 妹は、知らない人の前では（　　）て、おとなしくしている。
(5) かれは自分の都合のいいときだけ（　　）で話しかけてくる。
(6) 今日こそは、どちらの意見が正しいのか（　　）ようじゃないか。

白黒つける	ねこをかぶる
うのみにする	しっぽを出す
羽をのばす	ねこなで声

6 言葉の意味

ふく習のポイント!
- いろいろな意味をもつ言葉を覚《おぼ》えます。
- 慣用句《かんようく》の意味・用法《ようほう》を覚えます。
- ことわざの意味・用法を覚えます。

〈時間〉20分　〈合かく〉80点　〈とく点〉　　/100　　月　　日

答え↓別さつ20ページ

1 〔いろいろな意味をもつ言葉〕**次の□に入る言葉を、指定された字数に合うようにひらがなで書きましょう。なお、□にはそれぞれ同じ言葉が入ります。**（12点）一つ4

(1)
夜が［三字］。
とびらを［三字］。
旅行で家を［三字］。
（　　）

(2)
皿のふちが［三字］。
服をハンガーに［三字］。
ふとんを［三字］。
（　　）

(3)
学校に［二字］。
ほこりが服に［二字］。
つくえにひじを［二字］。
（　　）

2 〔慣用句《かんようく》の意味〕**次の慣用句の意味をあとから選《えら》び、記号で答えましょう。**（30点）一つ5

(1) 牛の歩《あゆ》み（　　）
(2) 馬が合う（　　）
(3) 犬猿《けんえん》の仲《なか》（　　）
(4) すずめのなみだ（　　）
(5) さばを読む（　　）
(6) ねこの手も借《か》りたい（　　）

ア 仲の悪いこと。
イ 自分に都合よく数をごまかすこと。
ウ 進み具合がおそいこと。
エ 働《はたら》く人が不足《ふそく》していそがしいこと。
オ 気が合うこと。
カ ほんのわずかであること。

5 【にた意味の漢字】次の□によくにた意味の漢字を一字入れて、熟語《じゅくご》を作りましょう。（12点）一つ3

(1) 道□

(2) 寒□

(3) 労《ろう》□

(4) 変《へん》□

6 【にた意味の熟語】上の熟語とよくにた意味の熟語を下から選び、記号で答えましょう。（12点）一つ2

(1) 発育（**ア** 教育　**イ** 成育《せいいく》　**ウ** 発生）

(2) 心配（**ア** 安心　**イ** 苦心　**ウ** 不安《ふあん》）

(3) 方向（**ア** 方位《ほうい》　**イ** 位置《いち》　**ウ** 向上）

(4) 昨年《さくねん》（**ア** 今年　**イ** 来年　**ウ** 去年）

(5) 衣類（**ア** 着衣　**イ** 衣服　**ウ** 種類《しゅるい》）

(6) 短所（**ア** 長所　**イ** 不足　**ウ** 欠点《けってん》）

(1)（　）　(2)（　）　(3)（　）

(4)（　）　(5)（　）　(6)（　）

7 【反対の意味の漢字】次の□に反対の意味の漢字を一字入れて、熟語を作りましょう。（10点）一つ2

(1) 明□

(2) 苦□

(3) 問□

(4) 集□

(5) 遠□

8 【反対の意味の熟語】次の□に漢字を一字入れて、反対の意味の熟語を作りましょう。（24点）一つ2

(1) ① 成□　② □敗

(2) ① 幸□　② □幸

(3) ① 人□　② 自□

(4) ① 現《げん》□　② □想

(5) ① 部□　② 全□

(6) ① 戦□　② □和

5 熟語《じゅくご》の意味

ふく習のポイント!
- 熟語の組み立てを考えます。
- 意味のよくにた熟語に気をつけます。
- 反対の意味の熟語に気をつけます。

〈時間〉20分 〈合かく〉80点 〈とく点〉 /100　月　日

答え↓別さつ19ページ

1 〔いろいろな熟語《じゅくご》〕 **次の漢字を組み合わせて、二字の熟語を六つ作りましょう。（漢字は一度しか使えません。）** （12点）一つ2

料　注　要　談　完　相
令　成　命　材　意　求

（　）（　）（　）
（　）（　）（　）

ぜったい

2 〔熟語の意味〕 **次の□に漢字を一字入れて、下の意味を表す熟語を作りましょう。** （6点）一つ2

(1) □内〔人に道や場所などを教える。〕
(2) 願《がん》□〔そうなってほしいとねがうこと。〕
(3) 反□〔ふり返ってよく考える。〕

3 〔熟語の組み立て〕 **次の熟語の組み立てとしてふさわしいものをあとから選《えら》び、記号で答えましょう。** （12点）一つ2

(1) 水底《みずぞこ》（　）　(2) 天空（　）
(3) 着席《ちゃくせき》（　）　(4) 強弱（　）
(5) 改心《かいしん》（　）　(6) 老人《ろうじん》（　）

ア にた意味の漢字を重ねたもの。
イ 反対の意味の漢字を重ねたもの。
ウ 上の漢字が下の漢字の意味をかざるもの。
エ 上に動作を表す漢字がくるもの。

4 〔打ち消しの言葉〕 **次の□に「未《み》・不《ふ》・無《む》」を入れて、熟語を作りましょう。** （12点）一つ3

(1) □便《べん》　(2) □来
(3) □幸　(4) □理

3 〔部首引き〕次の漢字は、漢字辞典《じてん》ではどの部首の何画に出ていますか。（　）に部首名、（　）に部首をのぞいた画数を数字で書きましょう。（32点）一つ2

	部首名	画数
(1) 塩	（　　）	（　画）
(2) 給	（　　）	（　画）
(3) 笑	（　　）	（　画）
(4) 登	（　　）	（　画）
(5) 念	（　　）	（　画）
(6) 街	（　　）	（　画）
(7) 牧	（　　）	（　画）
(8) 刷	（　　）	（　画）

4 〔総画《そうかく》引き〕次の漢字を総画引きで調べると、何画に出ていますか。数字で書きましょう。（20点）一つ2

(1) 料（　画）
(2) 約（　画）
(3) 滋（　画）
(4) 陸（　画）
(5) 初（　画）
(6) 博（　画）
(7) 老（　画）
(8) 静（　画）
(9) 極（　画）
(10) 候（　画）

5 〔漢字辞典の使い方〕次の漢字を部首さくいん、音訓《おんくん》さくいんで調べるときの部首名と、音読み・訓読みを、例《れい》にならって書きましょう。（送りがなには――線を引くこと。）（20点）一つ2完答《かんとう》

	部首名	音読み・訓読み
(例) 浅	（さんずい）	（セン・あさい）
(1) 鏡	（　　）	（　・　）
(2) 位	（　　）	（　・　）
(3) 底	（　　）	（　・　）
(4) 節	（　　）	（　・　）
(5) 願	（　　）	（　・　）

4 漢字の組み立て・漢字辞典《じてん》の使い方

ふく習のポイント!
- 漢字の組み立てを覚《おぼ》えます。
- 部首の種類《しゅるい》とその部首をもつ漢字を覚えます。
- 漢字辞典の三通りの引き方をおさえます。

〈時間〉20分 〈合かく〉80点 〈とく点〉 /100

月 日

答え↓別さつ19ページ

1 〔漢字の部首〕次の漢字の部首名をあとから選《えら》び、（ ）に書きましょう。また、同じ部首の漢字もあとから選び、（ ）に書きましょう。（10点）一つ2完答《かんとう》

	部首名	漢字
(1) 聞	（ ）	（ ）
(2) 間	（ ）	（ ）
(3) 問	（ ）	（ ）
(4) 街	（ ）	（ ）
(5) 待	（ ）	（ ）

【部首名】
くち　ぎょうにんべん　みみ
もんがまえ　ぎょうがまえ

【漢字】
古　耳　径　関　行

2 〔漢字の部首〕次の各組の三つの漢字に同じ部首をつけると別の漢字になります。その部首を（ ）に、部首名を（ ）に書きましょう。（18点）一つ3完答

	部首	部首名
(1) 黄・直・才	（ ）	（ ）
(2) 主・皮・由	（ ）	（ ）
(3) 自・田・今	（ ）	（ ）
(4) 各・女・祭	（ ）	（ ）
(5) 売・氏・及	（ ）	（ ）
(6) 斗・火・少	（ ）	（ ）

3 【同じ読み方の漢字】次の□に入る同じ読み方の漢字を書きましょう。（24点）一つ4

(1) キ
- ① □節《せつ》がめぐる。
- ② □望《ぼう》を持つ。

(2) キョウ
- ① □通の友人。
- ② □定をむすぶ。

(3) ケツ
- ① □員をほじゅうする。
- ② 物語の□末《まつ》を話す。

4 【同じ読み方の熟語《じゅくご》】次の——線のかたかなを漢字に直して書きましょう。（36点）一つ3

(1)
- ① カンシンを持つ。（　　）
- ② カンシンな行い。（　　）

(2)
- ① ショウスウ点（　　）
- ② ショウスウ民族《みんぞく》（　　）

(3)
- ① キョウソウカ（　　）
- ② 徒《と》キョウソウ（　　）

(4)
- ① イガイな言葉。（　　）
- ② 生徒イガイの人。（　　）

(5)
- ① よいキカイをのがす。（　　）
- ② キカイ体そうの選手《せんしゅ》。（　　）

(6)
- ① 要点《ようてん》をキョウチョウする。（　　）
- ② 他人とキョウチョウする。（　　）

3 筆順《ひつじゅん》・画数、同じ読みの漢字

ふく習のポイント！
- 漢字の筆順に気をつけて書きます。
- 漢字の総《そう》画数を正しく覚《おぼ》えます。
- 同じ読みの漢字を書き分けます。

答え→別さつ18ページ

〈時間〉20分 〈合かく〉80点 〈とく点〉 /100 月 日

1 〔漢字の筆順《ひつじゅん》〕 **次の漢字の筆順の正しい方を選《えら》び、記号で答えましょう。** （20点）一つ4

(1) 候 ア・イ

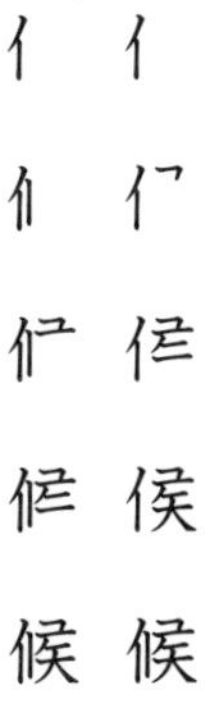

（　　）

(2) 健 ア・イ

（　　）

(3) 臣 ア・イ

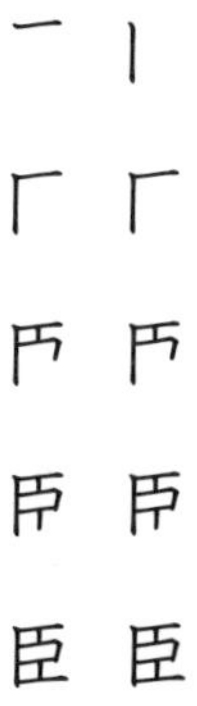

（　　）

(4) 必 ア・イ

（　　）

(5) 飛 ア・イ

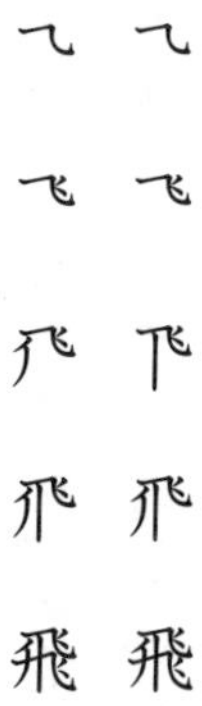

（　　）

2 〔漢字の総《そう》画数〕 **次の漢字と同じ総画数になる漢字を選び、記号で答えましょう。** （20点）一つ4

(1) 印〔ア 皮　イ 兆　ウ 汽〕（　　）

(2) 栄〔ア 泳　イ 倍　ウ 建〕（　　）

(3) 郡〔ア 宿　イ 葉　ウ 弱〕（　　）

(4) 材〔ア 求　イ 固　ウ 刷〕（　　）

(5) 産〔ア 焼　イ 唱　ウ 順〕（　　）

たいせつ

2 〔形のにた漢字〕 **次の文の中から、まちがって使われている漢字に×をつけて、正しい漢字に書き直しましょう。**（28点）一つ4

(1) 首すじに太い血官が見える。

(2) 列題をとく。

(3) 建康が一番だ。

(4) むねに名礼をつける。

(5) 海の低までもぐる。

(6) 明るい末来をゆめ見る。

(7) 温席計を使う。

たいせつ

3 〔まちがえやすい送りがなの漢字〕 **次の——線のかたかなを、漢字と送りがな（ひらがな）に直して書きましょう。**（32点）一つ4

(1) 強風で木がオレル。

(2) 子どもをヤシナウ。

(3) ツメタイ水を飲む。

(4) 行いをアラタメル。

(5) 部屋をチラカス。

(6) 図書館で本をカリル。

(7) 友人の話を聞いてワラウ。

(8) できるだけ手間をハブク。

2 漢字の書き

ふく習のポイント!

- 二字熟語《じゅくご》を漢字で書けるようにします。
- 形のよくにた漢字に注意します。
- 送りがなに気をつけます。

月　日

〈時間〉	〈合かく〉
20分	80点

〈とく点〉 /100

答え↓別さつ18ページ

1 ［漢字の書き方］ **次の□に漢字を書きましょう。** （40点）一つ4

(1) これが□□《あいどく》している本です。

(2) 練習の□□《せいか》を見せる。

(3) あさがおの□□《かんさつ》をする。

(4) □□《ぎふ》県へ旅行に行く。

(5) 今日は大切な□□《かいぎ》がある。

(6) ひまわりが□□《はつが》する。

(7) 学校の中を□□《あんない》する。

(8) □□《やさい》をさいばいする。

(9) 今年は□□《ざんしょ》がきびしい。

(10) □□《べんり》な場所に住む。

3 〔漢字のいろいろな読み方〕 **次の——線の漢字の読み方を書きましょう。** (28点)一つ4

(1)
① 節度をわきまえる。（　　）
② 節の多い竹を見上げる。（　　）

(2)
① 太陽の光で目が覚めた。（　　）
② 寒さで指先の感覚がない。（　　）

(3)
① 温泉《おんせん》へ湯治に行く。（　　）
② 町の治安を守る。（　　）
③ 薬でいたみが治まる。（　　）

たいせつ

4 〔同じ読み方〕 **次の——線と同じ読み方の漢字を選《えら》び、記号で答えましょう。** (12点)一つ3

(1) 関心　ア 岸　イ 安　ウ 館　エ 参（　　）

(2) 満足　ア 聞　イ 根　ウ 本　エ 万（　　）

(3) 約束　ア 側　イ 族　ウ 倉　エ 組（　　）

(4) 衣服　ア 奈　イ 以　ウ 英　エ 院（　　）

5 〔送りがなによって読み方が変わる漢字〕 **次の——線の漢字の読み方を書きましょう。** (12点)一つ3

(1)
① 好む（　　）
② 好く（　　）

(2)
① 連なる（　　）
② 連れる（　　）

1 漢字の読み

〈時間〉20分　〈合かく〉80点　〈とく点〉　/100　月　日

答え↓別さつ18ページ

ふく習のポイント！

- 意味によって読み方が変《か》わる熟語《じゅくご》を正しく読み分けます。
- いろいろな読み方のある漢字に注意します。

1 ［漢字の読み方］ **次の——線の漢字の読み方を書きましょう。**（24点）一つ4

(1) 新聞を多く刷る。（　　）

(2) 仕上げにスパイスを加える。（　　）

(3) 魚の群れを追う。（　　）

(4) 空いている教室を借用する。（　　）

(5) 倉庫に荷物を入れる。（　　）

(6) ツルが日本に飛来する。（　　）

2 ［意味によって変《か》わる熟語《じゅくご》の読み方］ **次の——線の漢字の読み方を書きましょう。**（24点）一つ4

(1)
① ごみを分別する。（　　）
② 分別のある行動をする。（　　）

(2)
① かぜをひいて寒気を感じる。（　　）
② この冬一番の寒気が入ってきた。（　　）

(3)
① 古い寺を見物する。（　　）
② この絵画《かいが》は見物だ。（　　）

4年 国語

はじめに

4年生の国語では，漢字の読み書きはもちろんのこと，画数や筆順《ひつじゅん》など字形についても学習します。また，同音や同訓《どうくん》の漢字の使い分けについてもしっかりと身につけましょう。慣用句《かんようく》やことわざのような言葉についても学習します。意味とともに使い分けをしっかりと身につけましょう。文の組み立てについては，主語と述語《じゅつご》の関係《かんけい》をもとにした文型《ぶんけい》のちがいについて学びます。文の組み立てを理かいし，説明文《せつめいぶん》や物語，詩など，文章を読んで理かいするさいにいかせるように，しっかりと学習しましょう。

答え

小4 全科の復習テスト

英語

4~5ページ

1 アルファベットのふく習をしよう！

1 TQHAX (順番《じゅんばん》は問わない)

2 (1) y (2) g (3) q (4) f

3 (1) m (2) r (3) d (4) N (5) B (6) E

4 (1) J (2) W (3) k (4) n (5) t

考え方

1 木のみきにTがあります。ネコの後ろすがたにQがあります。いすのせもたれにHがあります。風車がXになっており，そのどう体の部分にAがあります。

ここに注意！ 大文字は第１線や第３線から大きくはみ出して書かないように注意しましょう。

2 (1)(2) y と g は４線目までしっかり書きましょう。
(3) q は p としっかり区別《くべつ》して書きましょう。

3 (2) Rの小文字は，大文字とは大きく形がことなるのでしっかり覚《おぼ》えましょう。
(3) Dの小文字は d です。Bの小文字の b としっかり区別しましょう。
(4) Nのななめの線は左上から右下にむかって書きます。

4 声に出して，アルファベットの順番《じゅんばん》をかくにんしながら答えを書きます。アルファベットの歌などを使って覚えるとよいでしょう。

6~7ページ

2 自己しょうかいをしよう！

1 (1) monkeys (2) snakes (3) horses

2 (1) (2) (3)

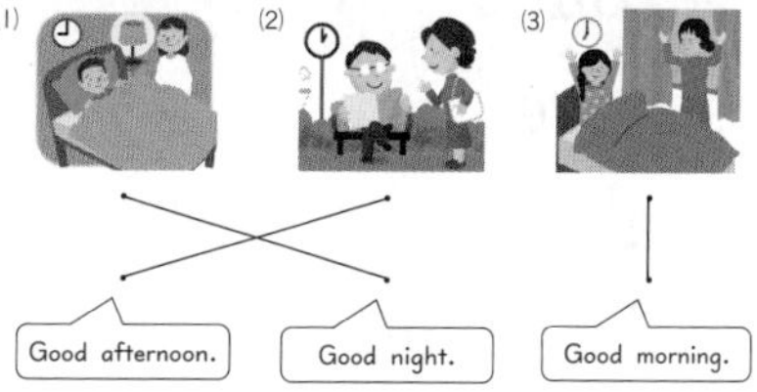

3 (1) I'm (2) like

4 (1) Good morning.
(2) I'm Meg.
(3) I like dogs.

考え方

1 動物の名前や，数に注意して選《えら》びましょう。

2 「おやすみなさい」と夜にするあいさつは Good night.，「こんにちは」と午後にするあいさつは Good afternoon.，「おはようございます」と朝にするあいさつは Good morning. を使います。

ここに注意！ あいさつは時間によって言い方が変わります。Hi.「やあ」や Hello.「こんにちは」など，いつでも使えるあいさつもあります。

3 (1) I'm ～.「わたしは～です」を使って，「ぼくはトムです」という意味の文にします。
(2) I like ～.「わたしは～が好《す》きです」を使って，「わたしはウサギが好きです」という意味の文にします。

4 (1) 朝なので「おはようございます」と考え，Good morning. とします。afternoon「午後」は使いません。
(2)「わたしはメグです」と考え，I'm Meg. とします。I「わたしは」は使いません。
(3)「ぼくはイヌが好きです」と考え，I like dogs. とします。「好き」は like で表します。want「ほしい」は使いません。

ひっぱると、はずして使えます。

8~9 ページ

3 時こくや曜日をたずねてみよう！

1 (1) two

(2) four

(3) seven

(4) eleven

2 (1) Tuesday

(2) Thursday

(3) Saturday

3

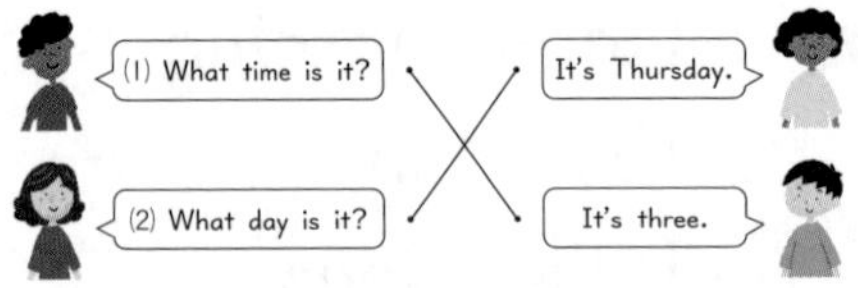

4 (1) What day is it? It's Friday.

(2) What time is it? It's ten.

考え方

1 「2(の)」は two,「4(の)」は four,「7(の)」は seven,「11(の)」は eleven で表します。

2 (1)Monday「月曜日」と Wednesday「水曜日」の間なので，Tuesday「火曜日」，(2)Wednesday と Friday「金曜日」の間なので，Thursday「木曜日」，(3)Friday と Sunday「日曜日」の間なので，Saturday「土曜日」です。

3 (1)What time is it? は「何時ですか」という意味なので，It's three.「3時です」と結《むす》びます。It's ～. で時こくを言うときは「～(時)です」という意味を表します。
(2)What day is it? は「何曜日ですか」という意味なので，It's Thursday.「木曜日です」と結びます。

4 曜日をたずねるときは What day is it?「何曜日ですか」，時こくをたずねるときは What time is it?「何時ですか」と言います。どちらも，答えるときは It's ～. を使い，曜日や時こくをあとに続《つづ》けます。

ここに注意！ 曜日を表すことばはいつも大文字で書き始めます。

10~11 ページ

4 持ち物をたずねてみよう！

1 (1) marker (2) notebook

(3) glue stick

2 (1) Yes, I do.

(2) No, I don't.

3 (1)○ (2)× (3)○ (4)×

4 Do you have a stapler?

Yes, I do.

考え方

1 (1)「マーカー」は marker, (2)「ノート」は notebook, (3)「スティックのり」は glue stick で表します。

2 Do you have a pencil case? は「あなたは筆箱を持っていますか」という意味の文です。イラストより，(1)Yes, I do.「はい，持っています」，(2)No, I don't.「いいえ，持っていません」の文を選《えら》びます。

3 ruler は「じょうぎ」，pencil は「えん筆」，pencil sharpener は「えん筆けずり器《き》」，scissors は「はさみ」です。I have ～. は「わたしは～を持っています」，I don't have ～. は「わたしは～を持っていません」という意味です。

4 「あなたは～を持っていますか」は Do you have ～? で表します。「はい，持っています」は Yes, I do. と言います。

12~13 ページ

5 ほしいものをたずねてみよう！

1 (1) orange

(2) strawberry

(3) mushroom

(4) green pepper

2

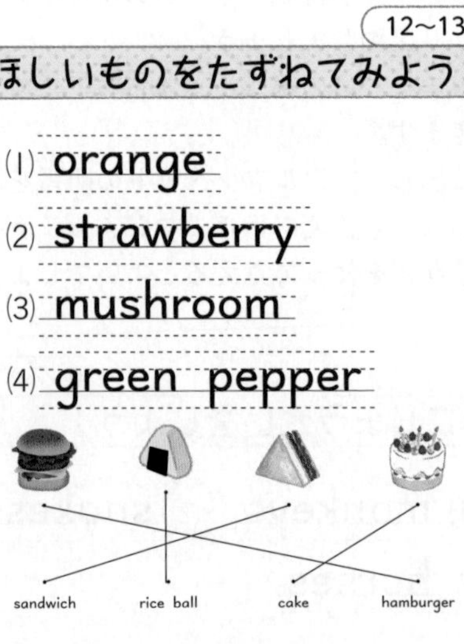

3 (1)ウ (2)イ

4 (1) What do you want?

(2) I want peaches.

(3) I want sandwiches.

考え方

1 (1)「オレンジ」は orange, (2)「イチゴ」は strawberry, (3)「マッシュルーム」は mushroom, (4)「ピーマン」は green pepper で表します。

2 「ハンバーガー」は hamburger,「おにぎり」は rice ball,「サンドイッチ」は sandwich,「ケーキ」は cake で表します。

3 (1)ほしいものをたずねるときは,「あなたは何がほしいですか」What do you want? と言います。

(2)**ア**の apple は「リンゴ」, **イ**の pineapple は「パイナップル」, **ウ**の banana は「バナナ」という意味です。

4 (1)「あなたは何がほしいですか」とたずねるときは What do you want? と言います。

(2)「わたしは～がほしいです」と言うときは I want ～. と言います。「モモ」は peaches で表します。

(3)「サンドイッチ」は sandwiches で表します。

ここに注意！ What do you like? は「あなたは何が好きですか」, What do you have? は「あなたは何を持っていますか」, What do you want? は「あなたは何がほしいですか」という意味です。形がにているので, 区別《くべつ》して覚《おぼ》えましょう。

14～16 ページ

6 仕上げテスト

1 (1) A F G I J L M T U

(2) a d e h j q r u y

2 (1) I'm Ken.

(2) I like monkeys.

3

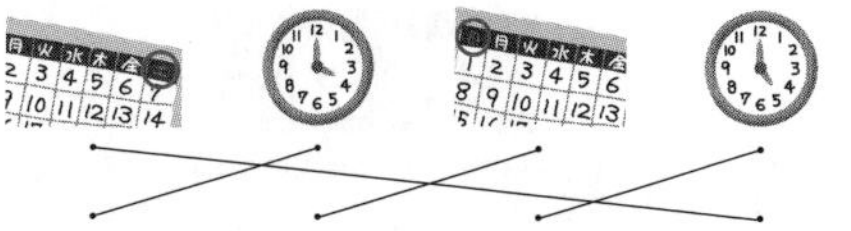

It's four. It's Sunday. It's five. It's Saturday.

4 (1) What time is it?

It's nine.

(2) What day is it?

It's Monday.

5 (1)(What / (Do)) you have a pen?

(2)I (have / (don't have)) a notebook.

(3)I ((have) / don't have) scissors.

6 (1) What do you want?

(2)I want a hamburger.

考え方

1 (2)小文字は d と b, i と j と l, p と q などの区別《くべつ》をしましょう。

2 (1)I'm ～. を使って,「ぼくはケンです」という意味の文にします。

(2)I like ～. を使って,「ぼくはサルが好《す》きです」という意味の文にします。

3 「土曜日」は Saturday,「4 (時)」は four,「日曜日」は Sunday,「5 (時)」は five です。It's ～. は「～(時 / 曜日)です」という意味です。

4 (1)「何時ですか」は What time is it? と表します。答えるときは It's ～. を使い, 時こくをあとに続《つづ》けます。

(2)「何曜日ですか」は What day is it? と表します。これも答えるときは, It's ～. を使い, 曜日をあとに続けます。曜日は大文字で始めることに気をつけましょう。

5 (1)「あなたは～を持っていますか」なので, Do を選《えら》びます。

(2)「ぼくは～を持っていません」なので, don't have を選びます。

(3)「わたしは～を持っています」なので, have を選びます。

6 (1)「あなたは何がほしいですか」は What do you want? で表します。

(2)「わたしは～がほしいです」は I want ～.,「ハンバーガー」は hamburger で表します。

算数

18～19 ページ

1 大きな数

1 (1)9　(2)一兆《ちょう》の位《くらい》

2 (1)140000300806005
(2)3020000000000
(3)4500000000000

3 ①5600 億《おく》　②7000 億
③8900 億　④1 兆 400 億

4 (1)700 億　(2)9700 億
(3)9 兆　(4)4000 万

5 (1)4140000　(2)414 万
(3)414 億　(4)414 兆

6 (1)9876543210　(2)1023456789
(3)1023456798

とき方

1 大きな数は，右から 4 けたごとに区切ると，読みやすくなります。

2 (3)千億を 45 こ集めると 4 兆 5 千億です。

ここに注意！ (1)のように，とちゅうに 0 がたくさんあるときは，0 の数に注意します。答えを書いたら，一の位から順《じゅん》に位をたしかめるようにしましょう。

3 ひと目もりは 100 億です。

4 (3)，(4)数を 10 倍すると位が 1 つ上がり，10 でわると位が 1 つ下がります。

5 (3)1 万×1 万＝1 億，(4)1 万×1 億＝1 兆 です。

6 いちばん大きい数をつくるときは，位の大きい方から順に大きい数字からならべます。いちばん小さい数をつくるときは，位の大きい方から順に小さい数字からならべます。ただし，0 をいちばん大きい位に書くことはできないので，0 は上から 2 番目の位になります。

20～21 ページ

2 がい数と計算の見積もり

1 (1)205000　(2)2600000
(3)80000　(4)3800000

2 (1)750 以上《いじょう》 850 未満《みまん》
(2)10250 以上 10349 以下《いか》

3 (1)700　(2)500
(3)5300　(4)100

4 (1)140000　(2)800000

5 (1)買えない　(2)買える

6 600000 円

とき方

1 それぞれ表す位《くらい》より 1 つ下の位の数を四捨五《ししゃご》入《にゅう》します。

2 たとえば，100 以上は 100 に等しいか，それより大きい数です。100 未満は 100 より小さい数で，100 をふくみません。100 以下は 100 に等しいか，それより小さい数です。未満と以下のちがいに気をつけましょう。
(1)は 750 以上 849 以下と同じです。

3 百の位までのがい数にしてから計算します。
(1)200＋500＝700
(2)900－400＝500
(3)1700＋3600＝5300
(4)1000－900＝100

4 上から 1 けたのがい数にしてから計算します。
(1)200×700＝140000
(2)4000×200＝800000

5 (1)十の位以下を切り捨ててたすと，
100＋300＋200＋200＋200＝1000
で，ぜんぶ買うと 1000 円より高くなるので，1000 円ではぜんぶ買えません。
(2)十の位以下を切り上げてたすと，
200＋400＋300＋300＋300＋500
＝2000
で，ぜんぶ買うと 2000 円より安くなるので，2000 円でぜんぶ買えます。

6 入場者数，入場料《にゅうじょうりょう》ともに上から 1 けたのがい数にしてから計算します。
300×2000＝600000（円）

22～23 ページ

3 わり算の筆算 ①

1 (1)20　(2)50　(3)80　(4)400

2 70 まい

3 (1)12　(2)13　(3)21　(4)45　(5)13
(6)13 あまり 2　(7)32 あまり 1
(8)20 あまり 1　(9)10

4 (1)23　(2)299　(3)51　(4)207

(5)130　(6)49　(7)52 あまり 4
(8)80 あまり 3　(9)132 あまり 2
(10)208 あまり 1　(11)95 あまり 8
(12)165 あまり 3

5 17 倍

とき方

1 (1)60 は 10 が 6 こと考えると，60÷3 は 10 が (6÷3) こだから，10 が 2 こで 20
(4)800 は 100 が 8 こと考えると，800÷2 は 100 が (8÷2) こだから，100 が 4 こで 400

2 280÷4＝70 (まい)

3 (1)　(6)　(8)

```
(1)   12      (6)   13       (8)   20
    3)36          6)80           4)81
      3             6                8
       6           20                1
       6           18
       0            2←あまり
```

ここに注意！ (4)，(6)，(9)のように，わられる数の一の位《くらい》に 0 があるときは，十の位の数をわった後に 0 をおろします。また，(9)では，商にも 0 を書きわすれないようにしましょう。

4

```
(4)  207      (8)   80
   4)828         5)403
     8             40
      28             3
      28             0
       0             3
```

ここに注意！ (4)のように，百の位がわり切れ，十の位がわれないときは，商の十の位に 0 を書いてから，一の位の数をおろします。

5 何倍かを求《もと》めるときも，わり算を使って求めることができます。
136÷8＝17 (倍)

24〜25 ページ

4 わり算の筆算 ②

1 (1)2　(2)3　(3)4　(4)5　(5)6　(6)18

2 (1)3 あまり 14　(2)4 あまり 7
(3)2 あまり 10　(4)34 あまり 14
(5)11 あまり 23　(6)18 あまり 44

3 (1)4　(2)4　(3)30 あまり 20
(4)17 あまり 200

4 1 人分は 4 まいで，10 まいあまる。

5 17 回

6 商品 A

とき方

2

```
(1)    3      (6)     18
   18)68         48)908
      54             48
      14             428
                     384
                      44
```

ここに注意！ 答えを求めたら，必《かなら》ずたしかめをしましょう。
(わる数)×(商)＋(あまり)＝(わられる数)
(1)18×3＋14＝54＋14＝68
(2)23×4＋7＝92＋7＝99

3 (1)900)3600 → 9)36
(2)2600)10400 → 26)104
のように，わる数とわられる数の 0 を同じ数だけ消してから計算します。
(3)30)920 → 3)92 は 30 あまり 2
あまりは，消した 0 をつけて，20 になります。

4 58÷12＝4 あまり 10
商の 4 が 1 人分のクッキーのまい数，あまりの 10 があまっているクッキーのまい数になります。

5 500÷30＝16 あまり 20
16 回運んで，20 ふくろあまっているので，ぜんぶ運べるのは 17 回になります。

6 もとにする量《りょう》を 1 とみたとき，もう一方の量がどれだけにあたるかを表した数を割合《わりあい》といいます。
商品 A…120÷40＝3 (倍)
商品 B…160÷80＝2 (倍)
ねだんの上がり方が大きいのは商品 A

26〜27 ページ

5 小数の計算

1 (1)3.64　(2)5.82

2 (1)8.33　(2)1.01　(3)21.06
(4)1.87　(5)0.85　(6)3.32

3 (1)7.2　(2)102.2　(3)36.54
(4)280.8　(5)127.96　(6)768

4 (1)2.9　(2)0.8　(3)1.25

5 (1)2.2　(2)0.7　(3)0.4
6 72.8 g
7 0.25 倍

とき方

1 (2)0.01 が 10 こで 0.1，0.01 が 100 こで 1 になります。

2 小数のたし算やひき算の筆算は，整数のたし算やひき算の筆算と同じように計算し，上の小数点にそろえて答えの小数点をうちます。

(3)
```
   18.30
+   2.76
   21.06
```
(6)
```
  3.60
- 0.28
  3.32
```

ここに注意！ (3)，(6)のように，数字が書かれていない位には，0があると考えて計算します。

3 整数のかけ算の筆算と同じように計算し，かけられる数の小数点にそろえて積《せき》の小数点をうちます。

ここに注意！ (6)小数のかけ算で，積の小数点より右のはしの数が 0 になったときは，0を消しておきます。
```
   12.8
×   60
  768.0
```

4 整数のわり算の筆算と同じように計算していき，わられる数の小数点にそろえて，商の小数点をうちます。

ここに注意！ (2)一の位《くらい》に商がたたないときは，0. と書いて計算していきます。
```
     0.8
 8) 6.4
    6 4
      0
```

5 小数第 2 位《い》を四捨五入《ししゃごにゅう》します。

(2)
```
           7
       0.6 8
27) 18.6
    16 2
     2 40
     2 16
       24
```

6 5.6×13＝72.8 (g)
7 5÷20＝0.25 (倍)

28〜29 ページ

6 式と計算のきまり

1 (1)90　(2)68　(3)27　(4)28
2 (1)10　(2)50　(3)140　(4)12
3 (1)42　(2)45　(3)26　(4)60
4 (1)1.4＋3.7＋2.6
＝1.4＋2.6＋3.7＝4＋3.7＝7.7
(2)25×236×4＝25×4×236
＝100×236＝23600
(3)8×74＋2×74＝(8＋2)×74
＝10×74＝740
(4)96×8＝(100－4)×8
＝100×8－4×8＝800－32＝768
5 (式)500－40×12＝20　(答え)20 円
6 (式)240×4＋120×6＝960＋720
＝1680　(答え)1680 円
7 (式)(46＋74)÷3＝40　(答え)40 本

とき方

1 (1)30＋20×3＝30＋60＝90
(2)75－35÷5＝75－7＝68
(3)24÷8×9＝3×9＝27
(4)40÷5＋10×2＝8＋20＝28

ここに注意！ (1)，(2)，(4)のように，＋，－，×，÷のまじった計算では，×，÷を先に計算し，次に＋，－を計算します。

2 (1)25－(10＋5)＝25－15＝10
(2)60－(26－16)＝60－10＝50
(3)(12＋8)×7＝20×7＝140
(4)48÷(8－4)＝48÷4＝12

ここに注意！ (　)がある計算では，(　)の中を先に計算します。

3 (1)(8＋24÷4)×3＝(8＋6)×3
＝14×3＝42
(2)5×(15－12＋6)＝5×(3＋6)＝5×9
＝45
(3)30－20÷(2＋3)＝30－20÷5＝30－4
＝26
(4)(9－5)×(12＋3)＝4×15＝60

4 (1)，(2)は計算の順《じゅん》じょをかえて計算するとかんたんになります。(3)，(4)は，
(○＋△)×□＝○×□＋△×□，
(○－△)×□＝○×□－△×□
という計算のきまりを使うと，計算がかんたんになります。

5 500－40×12＝500－480＝20
6 240×4＋120×6＝960＋720＝1680
7 (46＋74)÷3＝120÷3＝40

ここに注意！ 問題をよく読み，＋，－，×，÷に注意しながら，１つの式に書きます。＋，－を先に計算するときは，（　）をつけておきます。

30～31 ページ

7 折れ線グラフと整理のしかた

1 (1)午後２時で，30 度　(2)７度
(3)午前８時から午前９時までの間
(4)午後２時から午後４時までの間

2 欠席した人数

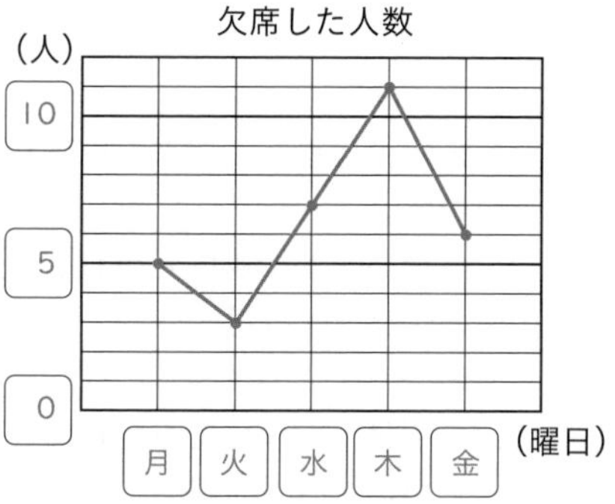

3 (1)14 人　(2)９人　(3)１人
(4)㋐3　㋑6　㋒9　㋓4　㋔1　㋕5
㋖3　㋗5　㋘8　㋙4　㋚4　㋛8
㋜14　㋝16　㋞30

とき方

1 (1)グラフがいちばん高くなっているところを読みます。
(2)午前 10 時は 21 度，午前 12 時は 28 度です。
(3)グラフが真横になっているところを読みます。
(4)グラフが右下がりになっているところを読みます。

2 横に曜日，たてに人数をとり，目もりをつけます。１目もりは１人です。それぞれの曜日の人数を表す点をうち，その点を順《じゅん》に直線でつなぎます。

3 (1)男子の人数を数えます。
(2)好《す》きな科目が「国語」になっている人を数えます。
(3)算数の好きな女子の人数を数えます。
(4)国語の好きな男子，国語の好きな女子，…と順に数えていきます。

ここに注意！ 数えまちがいや数えわすれのないように，数えたところは線で消すようにしましょう。

32～33 ページ

8 変わり方

1 (1)㋐14　㋑13　㋒12　㋓11　㋔10
㋕9　㋖8　㋗7　㋘6　㋙5　㋚4
㋛3　㋜2　㋝1
(2)１cm ずつへっていく。
(3)

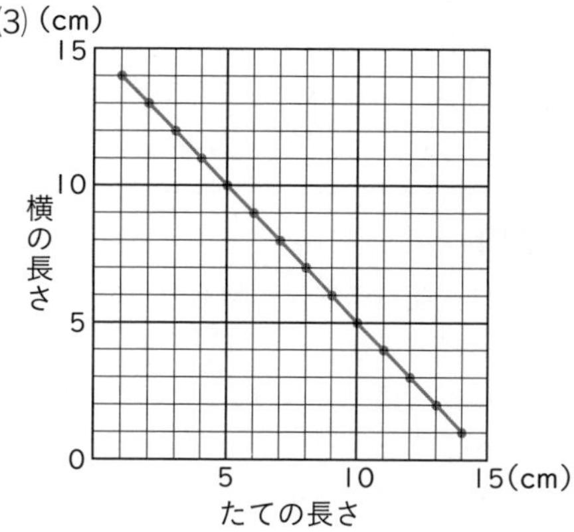

(4)○＋△＝15

2 (1)㋐3　㋑6　㋒9　㋓12　㋔15
㋕18　㋖21　㋗24　㋘27　㋙30
(2)○×３＝△　(3)45 こ　(4)23 番目

とき方

1 (1)長方形のまわりの長さが 30 cm だから，
１組のたてと横の長さの合計は，
30÷2＝15（cm）
横の長さは，15－たての長さ で求《もと》めます。
(3)たてと横の長さを表す点をかき，順《じゅん》に直線でつなぐとグラフは一直線になります。

2 (2)下の図のように考えると，
三角形の順番×３＝おはじきの数 と表すことができます。

(3)15 番目のときのおはじきの数は，
15×3＝45（こ）
(4)おはじきの数が 69 こになるのは，
69÷3＝23（番目）

34～35 ページ

9 角の大きさ

1 ㋐66°　㋑105°

2 ㋐35°　㋑140°　㋒250°

3 (1)

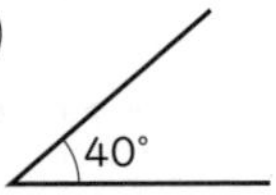

(2)

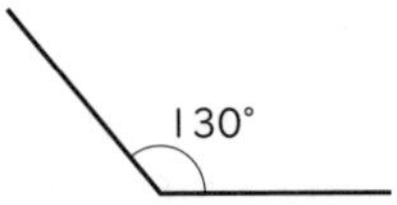

(3)

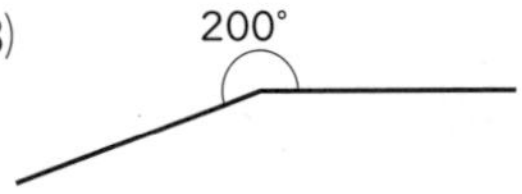

4 ㋐75°　㋑30°　㋒15°

5 (1)90°　(2)180°　(3)150°　(4)270°

6 ㋐155°　㋑90°　㋒140°

とき方

1 ㋐は分度器《ぶんどき》の内側《うちがわ》の目もり，㋑は外側の目もりを読みます。

2 分度器で角の大きさを調べるには，次の順《じゅん》で，調べます。
①分度器の中心をちょう点にあわせる。
②0° の線をかた方の辺《へん》にあわせる。
③もう一方の辺の目もりを読む。

ここに注意！ 内側の目もりと，外側の目もりを読みちがえないように注意しましょう。

4 三角じょうぎの角の大きさは，下の図のようになっています。

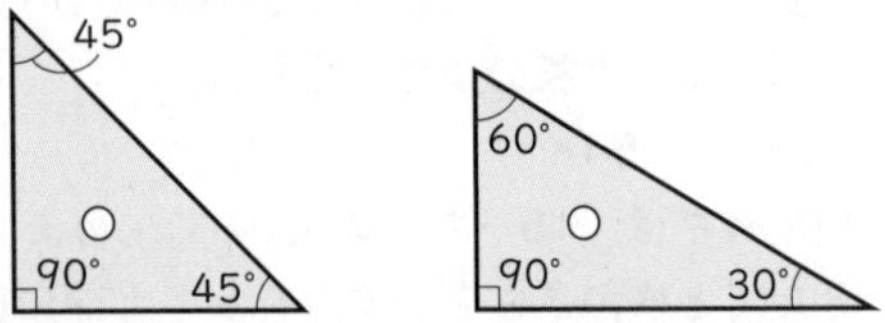

㋐30°＋45°＝75°
㋑90°－60°＝30°
㋒60°－45°＝15°

5 時計の文字(数字) I つ分の角度は，
360°÷12＝30° です。

6 ㋐180°－25°＝155°
㋑180°－60°－30°＝90°
㋒360°－75°－90°－55°＝140°

36～37 ページ

10 垂直と平行，四角形

1 (1)**ウ，エ，カ**　(2)**ウ，カ**

2 (1)**ウ**　(2)**ア，イ，エ**　(3)**ア，エ**　(4)**エ**

3 ㋐36°　㋑144°

4 (1)4 cm　(2)67°

5 (1)106°　(2)72 cm

6 (1)

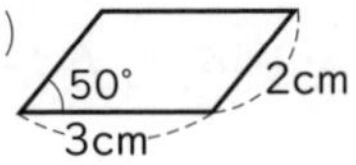

(2)

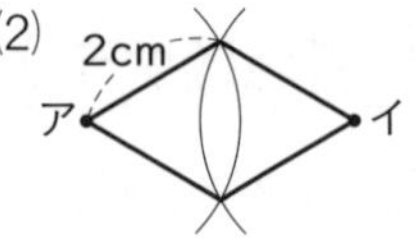

とき方

1 (1)**エ**をのばすと，**オ**と直角に交《まじ》わるので，**エ**と**オ**は垂直《すいちょく》です。

2 **ア**はひし形，**イ**は平行四辺形《へいこうしへんけい》，**ウ**は台形，**エ**は正方形です。

3 平行な直線は，ほかの直線と等しい角度で交わるので，㋐は 36° です。
㋑は，180°－36°＝144°

4 平行四辺形では，向かいあった辺の長さ，向かいあった角の大きさは等しいです。

5 ひし形では，向かいあった角の大きさは等しく，辺の長さはみんな等しいです。

6 (2)点ア，イを中心として，半径《はんけい》2 cm の円をかき，円が交わったところと，点ア，イを結《むす》びます。

38～39 ページ

11 面　積

1 (1)15 cm^2　(2)36 cm^2　(3)32 cm^2

2 (1)16 m^2　(2)300 m^2　(3)18 km^2

3 (1)50000　(2)6　(3)7000000
(4)30000

4 (1)9 m　(2)12 m

5 (1)180 cm^2　(2)74 cm^2　(3)74 cm^2

とき方

1 (1)5×3＝15 (cm^2)
(2)6×6＝36 (cm^2)
(3)4×8＝32 (cm^2)

2 (1)4×4＝16 (m^2)
(2)25×12＝300 (m^2)
(3)3×6＝18 (km^2)

ここに注意！ 面積《めんせき》の単位《たんい》に注意します。
辺《へん》の長さの単位が cm のとき面積は cm^2, 辺の長さの単位が m のとき面積は m^2, 辺の長さの単位が km のとき面積は km^2 です。

4 (1)36÷4＝9 (m)
(2)36÷3＝12 (m)

ここに注意！ 長方形で, 面積と一方の辺の長さがわかっているとき, もう一方の辺の長さは, 面積÷一方の辺の長さ で求《もと》められます。

5 (1)下の図のように, 道をはしによせると, 色のついた部分は, たて 12 cm, 横 15 cm の長方形になります。

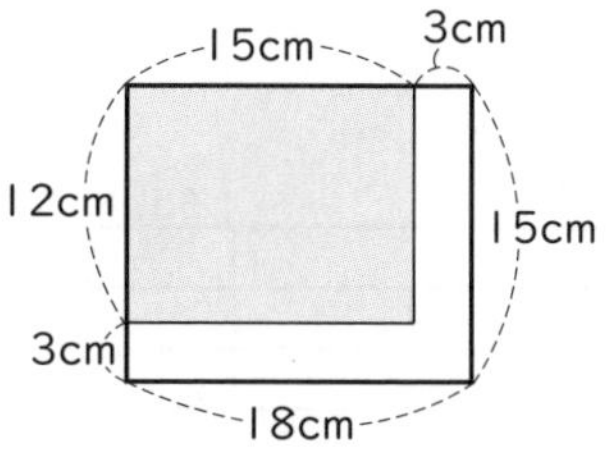

12×15＝180 (cm^2)
(2)たて 8 cm, 横 10 cm の長方形の面積から, たて 2 cm, 横 3 cm の長方形の面積をひきます。8×10－2×3＝80－6＝74 (cm^2)
(3)下の図のように, いくつかの長方形に分けて考えます。
10×2＋6×5＋8×3＝20＋30＋24
＝74 (cm^2)

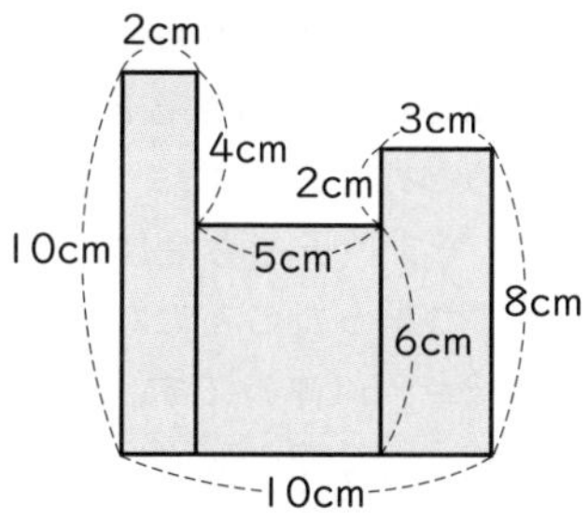

40～41 ページ

12 分 数

1 (1)3 こ (2)8 こ (3)7 こ (4)9 こ

2 真分数…**ア**, **オ**
仮分数《かぶんすう》…**イ**, **エ**, **カ** 帯分数《たいぶんすう》…**ウ**

3 (1)$2\frac{1}{6}$, $1\frac{3}{6}$, $\frac{7}{6}$, $\frac{3}{6}$
(2)$\frac{1}{3}$, $\frac{1}{5}$, $\frac{1}{7}$, $\frac{1}{12}$

4 (1)$3\frac{3}{5}$ (2)1 (3)$\frac{4}{3}$ (4)$\frac{12}{5}$

5 (1)$\frac{5}{4}\left(1\frac{1}{4}\right)$ (2)1 (3)$1\frac{2}{11}\left(\frac{13}{11}\right)$
(4)$1\frac{4}{5}\left(\frac{9}{5}\right)$ (5)$3\frac{1}{8}\left(\frac{25}{8}\right)$ (6)$4\frac{3}{6}\left(\frac{27}{6}\right)$

6 (1)$\frac{6}{7}$ (2)$\frac{7}{13}$ (3)$\frac{2}{5}$ (4)$2\frac{1}{6}\left(\frac{13}{6}\right)$
(5)$2\frac{2}{4}\left(\frac{10}{4}\right)$ (6)$2\frac{3}{9}\left(\frac{21}{9}\right)$

7 (1)$1\frac{6}{8}$ L (2)びんが $\frac{4}{8}$ L 多い

とき方

1 (3) 1 を分数で表すと, 1 を 7 こに分けた 7 つ分なので, $\frac{7}{7}$ になります。

2 分母より分子の方が小さい分数を真分数, 分母と分子が等しいか, 分子が分母より大きい分数を仮分数といいます。$3\frac{1}{6}$ のように, 整数と真分数の和になっている分数を帯分数といいます。

3 (1)分母が同じ分数は, 分子が大きいほど, 大きい分数になります。(2)分子が同じ分数は, 分母が小さいほど, 大きい分数になります。

4 (1)18÷5＝3 あまり 3 だから, $\frac{18}{5}$ は 3 と $\frac{3}{5}$ で, $3\frac{3}{5}$ です。
(3)$1\frac{1}{3}$ は $\frac{3}{3}$ と $\frac{1}{3}$ の和だから, $\frac{4}{3}$ です。

5 分母が同じ分数のたし算は, 分母はそのままにして, 分子だけたします。(4)～(6)のような, 帯分数のたし算は, ㋐帯分数を整数部分と分数部分に分けて計算するか, ㋑帯分数を仮分数になおして計算します。
(6)㋐のとき方 $3\frac{2}{6}+1\frac{1}{6}$
$=(3+1)+\left(\frac{2}{6}+\frac{1}{6}\right)=4+\frac{3}{6}=4\frac{3}{6}$
㋑のとき方 $3\frac{2}{6}+1\frac{1}{6}=\frac{20}{6}+\frac{7}{6}=\frac{27}{6}=4\frac{3}{6}$

6 分母が同じ分数のひき算は, 分母はそのままにして, 分子だけひきます。(5)のように, 分数部分のひき算ができないときには, ㋐帯分数の分数部分を仮分数にして計算するか㋑帯分数を仮分数になおして計算します。

(5)㋐のとき方 $3\frac{1}{4}-\frac{3}{4}=2\frac{5}{4}-\frac{3}{4}=2\frac{2}{4}$

㋑のとき方 $3\frac{1}{4}-\frac{3}{4}=\frac{13}{4}-\frac{3}{4}=\frac{10}{4}=2\frac{2}{4}$

7 (1) $\frac{5}{8}+1\frac{1}{8}=1\frac{6}{8}$（L）

(2) $1\frac{1}{8}-\frac{5}{8}=\frac{4}{8}$（L）

42～43 ページ

13 直方体と立方体

1 (1)2，3 (2)4，3

2

面の形	面の数	辺《へん》の数	ちょう点の数
正方形	6	12	8

3 (1)点シ (2)辺カオ (3)直方体

4 (1)面**カ** (2)面**イ**，面**ウ**，面**オ**，面**カ**
(3)面**ウ**，面**カ**
(4)辺 AB，辺 EF，辺 BF，辺 AE

5 (1)

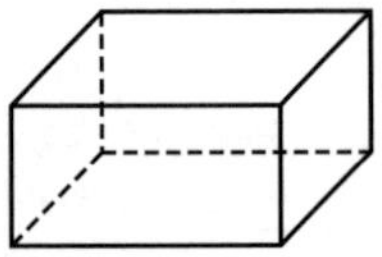

(2)

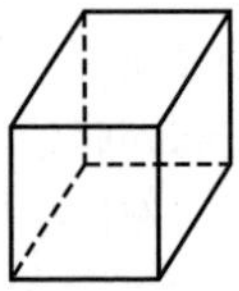

6 (1)ちょう点G (2)ちょう点D

とき方

3 このてん開図を組み立てると，右のようになります。(2)辺イウと重なるのは，辺カオです。辺オカとしないように気をつけましょう。

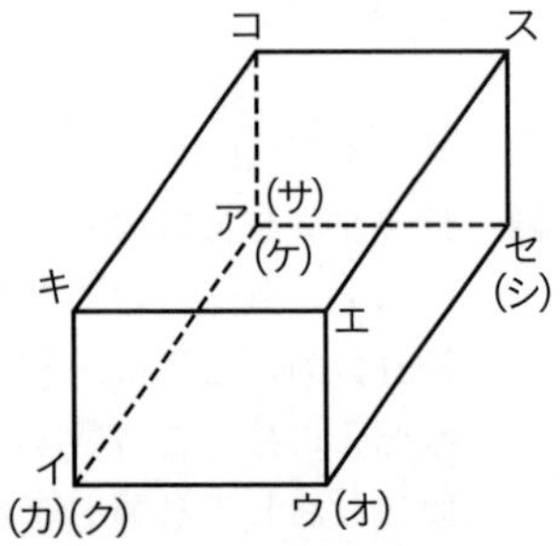

4 (1)直方体の1つの面に平行な面は1つです。
(2)1つの面に垂直《すいちょく》な面は4つあります。
(3)1つの辺に垂直な面は2つあります。
(4)1つの面に平行な辺は4つあります。

5 はじめに正面の長方形か正方形をかきます。次に見えている辺をかきます。見えない辺は点線でかきます。平行な辺を4つずつ3組かきます。

44～45 ページ

14 問題の考え方

1 3 dL

2 10 cm

3 96 本

4 (1)24
(2)㋐6 ㋑5 ㋒11 ㋓9

5 おかし…60 円，ジュース…100 円

6 大…3 kg，小…2 kg

とき方

1 下の図のように，兄と弟のお茶のかさの差《さ》である 6 dL の半分を弟にあげると，2人のお茶のかさは同じになります。
(29－23)÷2＝3（dL）

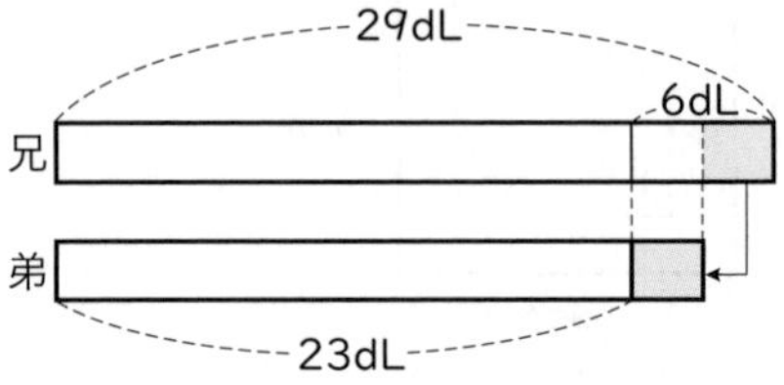

2 正方形は，たてと横の長さが同じだから，下の図のように，長方形のたてと横の長さの和を2でわります。
(8＋12)÷2＝10（cm）

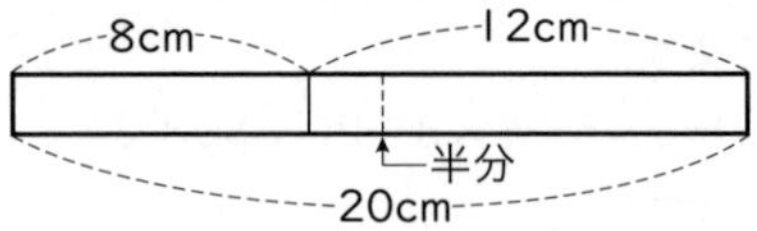

3 ふみやさんは，子ども会からもらったえん筆と家にあるえん筆5本をあわせると 13 本になったので，もらったえん筆は，
13－5＝8（本）です。子ども会は，えん筆を 12 人に8本ずつ配ったことになるから，ぜんぶで，8×12＝96（本）です。

ここに注意！ 問題を最後《さいご》までよく読み，答えをまちがえないようにしましょう。1人分のえん筆の本数ではなく，子ども会が配った本数を答えます。

4 (2)たてにならんだ真ん中の3つの数をたすと，13＋8＋3＝24 だから，たて，横，ななめの3つの数の和が，どこも 24 になるようにします。
㋐24－(8＋10)＝6 ㋑24－(6＋13)＝5
㋒24－(3＋10)＝11 ㋓24－(7＋8)＝9

5 おかし２ことジュース２本では320円，おかし２ことジュース１本では220円だから，２人の代金の差《さ》である
320－220＝100（円）が，ジュース１本分のねだんであることがわかります。おかし２この代金は，220－100＝120（円）だから，おかし１このねだんは，120÷2＝60（円）です。

6 下の図のように，重さの差である
21－17＝4（kg）が，小２この重さであることがわかります。小１この重さは，
4÷2＝2（kg）だから，大３この重さは，
17－2×4＝9（kg）となり，大１この重さは，
9÷3＝3（kg）となります。

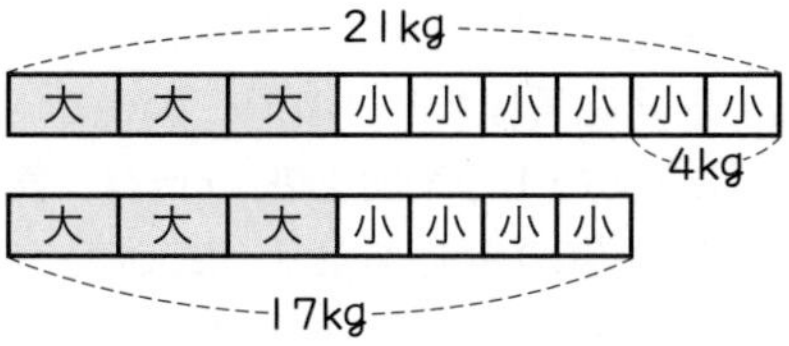

46～48ページ

15 仕上げテスト

1 (1)400630000
(2)7000000000000
(3)300000000000

2 (1)5.41　(2)5.31　(3)2.67
(4)3.93　(5)109.8　(6)13.05

3 (1)199000　(2)7900000

4 (1)73　(2)21　(3)0.125
(4)13 あまり 5
(5)12 あまり 7
(6)1 あまり 15.1

5 ㋐65°　㋑90°

6 (1)$\frac{8}{6}\left(1\frac{2}{6}\right)$　(2)$\frac{9}{5}\left(1\frac{4}{5}\right)$　(3)$2\frac{1}{4}\left(\frac{9}{4}\right)$
(4)$\frac{4}{8}$　(5)$1\frac{2}{3}\left(\frac{5}{3}\right)$　(6)$1\frac{1}{4}\left(\frac{5}{4}\right)$

7 61 cm²

8 (1)ひし形　(2)平行四辺形《へいこうしへんけい》　(3)正方形

9 (1)辺《へん》 AD，辺 AE，辺 BC，辺 BF
(2)辺 DC，辺 EF，辺 HG
(3)面 BFGC
(4)辺 AB，辺 DC，辺 EF，辺 HG

とき方

2 小数のかけ算は，整数のかけ算の筆算と同じように計算し，かけられる数の小数点にそろえて積《せき》の小数点をうちます。

3 (1)百の位《くらい》が２なので，切り捨てます。
(2)上から３けためを四捨五入《ししゃごにゅう》します。

4 (6)あまりの小数点はわられる数の小数点にそろえてうちます。

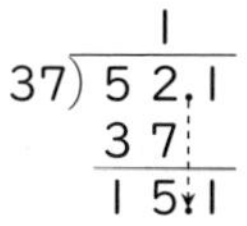

5 ㋐360°－100°－60°－135°＝65°
㋑180°－25°－65°＝90°

7 4×9＋5×5＝36＋25＝61（cm²）

8 ２本の対角線の長さと，交わる角度に注目して考えます。

9 (3)１つの面に平行な面は１つです。
(4)１つの面に垂直《すいちょく》な辺は４つあります。

社会

50~51 ページ

1 都道府県の位置

1 (1)①仙台《せんだい》(市)　②水戸《みと》(市)　③金沢《かなざわ》(市)
　④名古屋《なごや》(市)　⑤那覇《なは》(市)
(2)長野《ながの》(県)
(3)A…**ア**　B…**エ**　C…**イ**　D…**ウ**

2 (1)**ウ**　(2)①**ウ**　②**イ**　③**ア**　④**エ**

3 都道府県《とどうふけん》の数…47　都の数…1
道の数…1　府の数…2　県の数…43

考え方

1 (1)地図上の①は宮城《みやぎ》県，②は茨城《いばらき》県，③は石川《いしかわ》県，④は愛知《あいち》県，⑤は沖縄《おきなわ》県です。

ここに注意！ (3)**ア**はAの北海道《ほっかいどう》の説明《せつめい》です。県のなかで最《もっと》も面積《めんせき》が大きいのは岩手《いわて》県です。**イ**はCの滋賀《しが》県の説明です。琵琶湖《びわこ》は日本で最も面積が広い湖です。**ウ**はDの奈良《なら》県の説明です。奈良県は古い時代に都《みやこ》が置《お》かれていました。**エ**はBの東京都《とうきょうと》の説明です。東京は日本で最も人口が多い都道府県です。

2 (1)愛媛《えひめ》県の県庁所在地《けんちょうしょざいち》は松山《まつやま》市です。松江《まつえ》市は島根《しまね》県の県庁所在地です。
(2)鳥取《とっとり》県は，兵庫《ひょうご》県，岡山《おかやま》県，広島《ひろしま》県，島根《しまね》県の4つの県ととなり合っています。

3 都は東京都，道は北海道，府は大阪《おおさか》府と京都《きょうと》府です。

52~53 ページ

2 わたしたちの県のようす

1 (1)**イ**　(2)東北新幹線《とうほくしんかんせん》　(3)養《よう》しょく　(4)**エ**
(5)**ア**

2 (1)①**イ**　②**エ**　③**ア**　(2)**イ**
(3)**イ**

考え方

1 (1)宮城《みやぎ》県は東北地方の県です。
(4)**ア**は大阪府《おおさかふ》，**イ**は兵庫《ひょうご》県，**ウ**は熊本《くまもと》県にある城《しろ》です。

2 (2)このほかに，港から入国した外国人の数やぼうえきの特色《とくしょく》などからも，外国との結《むす》びつきがわかります。

54~55 ページ

3 地図の見方

1 (1)北　(2)しゅくしゃく　(3)等高線
(4)**エ**

2 (1)図書館　(2)市役所　(3)神社
(4)しん葉《よう》じゅ林　(5)畑
(6)博物館《はくぶつかん》(美術館《びじゅつかん》)

3 (1)50000(分の1の地図)
(2)25000(分の1の地図)

4 (1)①**ウ**　②**イ**　(2)北西　(3)**エ**
(4)500(m)

考え方

1 (1)地図はふつう上を北にしてかかれています。

2 (1)の図書館の地図記号は本を開いた形，(3)の神社の地図記号はとりいの形になっています。

3 (1)50000分の1の地図上の1cmは，実さいのきょりの500mにあたり，25000分の1の地図上の1cmは250mにあたります。

4 (3)A山は約《やく》80m，B山は約110mで，B山がA山より約30m高くなっています。

56~57 ページ

4 住みよいくらし ①

1 (1)**ア**　(2)しゅう集車(パッカー車)
(3)①**イ**　②**エ**　③**ウ**　④**オ**　⑤**ア**
(4)発電，温水プール，だんぼうなど。

2 (1)◎　(2)△　(3)□　(4)◎　(5)○　(6)△
(7)△　(8)△

3 (1)**イ**→**ウ**→**ア**
(2)①**イ**　②**ア**

4 **ウ**

考え方

2 ごみのしゅう集や分別《ぶんべつ》のしかたは地いきによってちがいます。ごみを分別するのは，ごみの種類《しゅるい》によってしょりのしかたがちがうので，運ぶ場所がちがうからです。

3 (2)②しげんごみをリサイクルするためには，しっかりとごみを分別して出すことが必要《ひつよう》です。

4 家の庭でごみをもやすと，有害《ゆうがい》なガスが出ることがあります。

58〜59 ページ

5 住みよいくらし ②

1 (1)ダム　(2)①**イ**　②**ア**　③**ウ**　(3)**エ**

2 (1)下水しょり場(じょう化センター)

(2)①**ア**　②**ウ**　③**エ**　④**オ**　⑤**イ**　⑥**カ**

3 **ウ**

考え方

1 (1)ダムには，雨水をためて，必要《ひつよう》なときに一《いち》定量《ていりょう》の水を流し，川の水を保つ働《はたら》きがあります。また，大雨のときには，水をためて，下流でこう水がおこらないようにする働きもあります。

(2)配水池は，水を送り出しやすいように，多くが高いところにつくられています。

2 家庭や工場などで使われてよごれた水(下水)は，下水道を通って下水しょり場(じょう化センター)へ運ばれ，きれいにされてから川や海へ流されます。

3 水はきちょうなしげんです。毎日の生活で，水道を出しっぱなしにしない，水道のじゃ口をきちんとしめるなど，節水《せっすい》をこころがけることが大切です。

60〜61 ページ

6 自然災害から人々を守る

1 (1)**ウ**　(2)**イ**　(3)**ア**

2 ①**ウ**　②**ア**　③**キ**

3 (1)つなみ

(2)ハザードマップ(防災《ぼうさい》マップ)

4 **エ**

5 **ウ**

6 自衛隊《じえいたい》

考え方

1 ヘルメットは，上から落ちてくるものから頭を守ってくれます。

2 地いきには，一人ぐらしやお年よりの人もいるので，おたがいに声をかけ合うことが大切です。

5 ひじょう持ち出しぶくろには，生活するために，最低《さいてい》げん必要《ひつよう》だと思われるものを入れておきます。

6 自衛隊は，60 年ほど前からある国の組織《そしき》です。

ここに注意！ 災害《さいがい》の対さくには，「自助」「共助《きょうじょ》」「公助」の３つが考えられます。「自助」とは自分でする災害対さくで，自分の命を自分で守る，ということです。「共助」はとなり近所の人たちとの助け合いです。「公助」は国や都道府県《とどうふけん》，市町村の災害対さくです。国の組織である自衛隊の活動は「公助」にあたります。自衛隊は災害のげん場で，人々を助け出したり，ひなん場所へ水や食料をとどけたり，こわれた道路をふっきゅうしたりする活動を行います。

62〜63 ページ

7 昔から伝わる行事

1 (1)**ウ**　(2)**ウ**　(3)**ア**

2 (1)**オ**　(2)**ア**　(3)**カ**　(4)**ウ**　(5)**イ**　(6)**エ**

3 **ア**

考え方

1 (2)手あたりしだいに歩いてさがすのではなく，はじめに昔から残《のこ》っているものがどこにあるかを調べるようにします。

2 昔から伝《つた》わる行事には，子どもの無事《ぶじ》な成長《せいちょう》を願《ねが》うものが多くあります。

64〜65 ページ

8 きょうどの歴史 ①

1 (1)①**オ**　②**イ**　③**ア**　④**ウ**　⑤**エ**

(2)**ウ**

(3)①インクライン(けいしゃ鉄道)　②**ア**

2 (1)坂本養川《さかもとようせん》　(2)**ア**　(3)くりこしせぎ

考え方

1 (3)インクラインは，琵琶湖疏水《びわこそすい》を利用《りよう》して発電した電気で動いていました。

2

ここに注意！ 八ケ岳《やつがたけ》山ろくの地いきでは，水不《ぶ》足《そく》になやまされていました。そこで，水量《すいりょう》の多い北部の川から，水量の少ない南部の川に水を引くためにつくられたのが大河原《おおかわら》用水です。

66~67ページ

9 きょうどの歴史 ②

1 (1)相模《さがみ》川　(2)**イ**　(3)①**イ**　②**ウ**
(4)**ア**

2 (1)①○　②○　③×　(2)**ウ**

3 (1)**ウ**　(2)**エ**　(3)**ア**　(4)**イ**

考え方

2 (1)③博物館《はくぶつかん》では，かってにてんじ物をさわってはいけません。また，しずかに見学しなければいけません。

3 疎水《そすい》・用水をつくる工事は規模《きぼ》が大きいものであったにもかかわらず，道具はかんたんなものしかなく，多くが手作業でした。そのため，工事はひじょうに困難《こんなん》でした。

68~69ページ

10 県内の特色ある地いき

1 (1)国旗《こっき》　(2)**ア**　(3)①○　②○　③×

2 **イ**

3 **ウ**

4 (1)**イ**，**ウ**，**カ**　(2)**イ**，**オ**

考え方

1 (1)国旗には，その国の人々の願《ねが》いや気持ちがこめられています。

2 コウノトリを人工的《てき》に育てて，自然《しぜん》に帰す取り組みなので，かごの中に入れたままにはしません。

3 **ウ**の姫路城《ひめじじょう》は兵庫《ひょうご》県姫路市にあり，日本で最《さい》初《しょ》に世界遺産《いさん》に登録《とうろく》されました。**ア**の原爆《げんばく》ドームは広島《ひろしま》県にあります。**イ**の合掌造《がっしょうづく》りの集落は富山《とやま》県・岐阜《ぎふ》県で見られます。**エ**の白神《しらかみ》山地は青森《あおもり》県・秋田《あきた》県にまたがっています。

ここに注意！ 世界遺産は，世界のなかで，人々が大切に守っていく必要《ひつよう》がある自然《しぜん》や文化のことで，国際連合《こくさいれんごう》のユネスコ(教育や文化について協力《きょうりょく》し合う国際組織《そしき》)が登録を決めています。

4 (2)伝統的《でんとうてき》な産業《さんぎょう》では，主に手作業なため，一度にたくさんの製品《せいひん》をつくることはできません。また，あとをつぐ若者《わかもの》はへってきています。製品をつくるには，昔から受けついできた技術《ぎじゅつ》が必要《ひつよう》です。

70~72ページ

11 仕上げテスト

1 (1)47　(2)東京都《とうきょうと》　(3)北海道《ほっかいどう》
(4)**A**…前橋《まえばし》(市)　**B**…神戸《こうべ》(市)
C…松江《まつえ》(市)　**D**…松山《まつやま》(市)
(5)①**オ**　②**ア**　③**カ**

2 (1)○　(2)○　(3)×

3 **イ**

4 (1)**ア**　(2)**ウ**　(3)**イ**

5 (1)2015（年）　(2)2000（年）　(3)**イ**
(4)①雨　②ダム

6 (1)**エ**　(2)**ア**　(3)**ウ**　(4)**イ**

考え方

1 (1)1都1道2府《ふ》43県があります。

2 (3)使いすての商品を買うと，ごみがふえることになるので，なるべくつめかえできる商品などを買うようにしましょう。

3 等高線の間かくがせまいところの方がけいしゃが急になります。

4 (2)寄木細工《よせぎざいく》で有名な町は，神奈川《かながわ》県の西部にある箱根《はこね》町です。
(3)筑紫《つくし》平野は筑後《ちくご》川の流いきに広がる平野です。

5 (1)(2)人口がふえると水の使用量《りょう》もふえています。しかし，2010年から2015年にかけては人口はふえていますが，水の使用量はへっています。これは，家庭や会社で，水を大切にする意識《いしき》が高まったことや，節水機能《せっすいきのう》のついたせんたく機やトイレが広まってきたからだと考えられます。

6 (2)女子の成長《せいちょう》をいのるひなまつりは3月3日です。男子の成長をいのるたんごの節句《せっく》は5月5日です。

理科

74〜75 ページ

1 あたたかくなったときの生き物(春・夏)

1 (1)**A カ　B イ　C ウ　D ア**
(2)たまごを産《う》んでいる。　(3)南

2 (1)**ア**　(2)**ア**　(3)**ウ**

3 (1)①えさ　②あし　(2)**イ**
(3)動物の数…ふえている
活動のようす…さかんになる

4 (1)高く　(2)ふえている

考え方

1 あたたかくなると，ナナホシテントウがたまごを産んだり，オオカマキリのよう虫がたまごから出てくるところが見られます。また，ツバメがあたたかい南の国からやってきて巣《す》をつくり，ひなを育てるようすも見られます。池に産んだカエルのたまごからは，おたまじゃくしがかえります。

2 芽《め》が出て，葉が３〜４まいになったら，花だんなどに土ごと植えかえます。ひりょうは根にふれないように入れておきます。

3 (2)**ア**はアゲハのよう虫，**ウ**はオオカマキリのよう虫です。
(3)夏になると，春にくらべて動物の数は多くなり，さかんに活動するようになります。

4 ５月から７月にかけて，気温は高くなっていきます。それに合わせて，くきがのびる長さも長くなり，葉の数もふえてよく成長《せいちょう》します。

76〜77 ページ

2 すずしくなったときの生き物(秋・冬)

1 (1)オオカマキリ
(2)たまごを産《う》んでいる。　(3)**イ**　(4)南

2 (1)①**イ**　②**イ**　(2)**ア**
(3)かれている　(4)たね(種子)

3 (1)**A ウ　B イ**　(2)**A ア　B ウ　C エ**
(3)**イ**

4 (1)芽《め》(冬芽)　(2)**ウ**

考え方

1 秋になると，オオカマキリはたまごを産み，死んでしまいます。また，ツバメはあたたかい南の国へ飛《と》び立ちます。

2 ヘチマの実ははじめは緑色でやわらかいですが，じゅくしてくると茶色くかたくなり，中にたねができます。

3 秋にさなぎになったアゲハはそのまま冬をこし，春に成虫《せいちゅう》になります。カエルは土の中で動かず，えさも食べないですごします(冬みんといいます)。テントウムシも落ち葉の下などでじっとしています。

4 寒くなると，サクラは葉を落とし，芽を残《のこ》して冬をこします。春になると，この芽が花や葉になります。ヘチマは，たねを残して全部がかれてしまいます。

78〜79 ページ

3 星の動き

1 (1)**A** ベガ(おりひめ星)
B アルタイル(ひこ星)　**C** デネブ
(2)夏の大三角　(3)星座《せいざ》　(4)はくちょう座
(5)名前…アンタレス　色…**ウ**

2 (1)○　(2)×　(3)×　(4)○

3 (1)**ア**　(2)**ア**

4 (1)**A** ベテルギウス　**B** リゲル
(2)オリオン座　(3)**イ**
(4)①変《か》わる　②変わらない

考え方

1 こと座のベガ，わし座のアルタイル，はくちょう座のデネブはどれも１等星で，この３つの星を結《むす》んでできる三角形を夏の大三角といいます。さそり座のアンタレスは赤っぽい色をした１等星です。

2 星は白色や赤色など，色にちがいがあり，表面の温度で変わります。また，明るい星から順《じゅん》に１等星，２等星，…と分けられています。

3 星座早見は，見たい方角を下にして持ちます。そして，観察《かんさつ》する時こくの目もりと月日の目もりを合わせます。

4 星は，時こくとともに同じ方向に動きますが，ならび方は変わらないので，星座の形も変わりません。

80〜81 ページ

4 月の動き

1 (1)**X** 東　**Y** 南
(2)図１…**A**→**B**→**C**

図2…D→E→F
(3)**ウ**　(4)**イ**

2　(1)○　(2)×　(3)○　(4)×

3　(1)**A** 満月《まんげつ》　**B** 半月(上げんの月)
(2)①**ア**　②**ア**

4　(1)図2　(2)図1…**ウ**　図2…**イ**
(3)図1…**ウ**　図2…**ウ**

考え方

1　満月も半月も，東の空から出て南の空の高いほうへのぼり，西の空の低《ひく》いほうへしずみます。満月は真夜中ごろには南のほうに見えます。

2　月の動きは，どの形の場合でも太陽と同じなので，北の空に見えることはありません。また，月の形によって，見える時こくと位置《いち》がちがいます。

3　見える月の形は日ごとに変《か》わっていき，およそ1か月でもとにもどります。

4　満月は夕方東から出て，真夜中に南の空の高い所を通り，明け方に西へしずみます。図2の半月は昼ごろ東から出て，夕方南の空の高い所を通り，真夜中に西へしずみます。

82~83ページ

5 電気のはたらき

1　(1)①回路　②電流
(2)**A** 直列つなぎ　**B** へい列つなぎ
(3)**イ**　(4)**ア**
(5)かん電池…**ウ**　豆電球…**イ**

2　(1)①**オ**　②**イ**，**エ**　③**オ**　④**ア**，**ウ**
(2)電流(の大きさ)

3　(1)電流の大きさと向き　(2)**A**　(3)**D**

考え方

1　かん電池2こを直列につなぐと，へい列につないだときよりもモーターがはやく回ります。

2　(1)④**ア**と**ウ**はかん電池の直列つなぎですが，かん電池の＋極《プラスきょく》どうし，－極《マイナス》どうしがどう線でつながれているので，電気が流れません。
(2)回路に流れる電流が大きいほど，豆電球が明るくつきます。

3　かん電池の＋極と－極を反対にすると，電流の向きが反対になり，はりのふれる向きも反対になります。

84~85ページ

6 とじこめた空気や水

1　(1)**A** 空気　**B** 水　(2)**エ**　(3)大きくなる

2　(1)**A** あと玉　**B** 前玉
(2)①体積《たいせき》　②小さく

3　(1)**ア**　(2)水　(3)**ア**，**エ**

4　(1)**ウ**　(2)**エ**，**カ**

考え方

1　空気がおしちぢめられるほど，もとにもどろうとする力が大きくなり，手ごたえも大きくなります。

2　空気でっぽうは，おしちぢめられた空気がもとにもどろうとする力を利用《りよう》しています。

3　空気と水の両方のせいしつを利用したもので，強くふくと，空気が強くおしちぢめられて水をおす力が強くなります。また，ガラス管《かん》の先を細くすると，水をおし出す力のはたらきが大きくなります。

4　注しゃ器《き》は水のせいしつを，タイヤや空気でっぽう，うきわは空気のせいしつを利用したものです。

86~87ページ

7 天気の変化

1　(1)温度計に日光が直せつあたらないようにするため。
(2)①**ア**　②**イ**　(3)百葉箱《ひゃくようばこ》　(4)**エ**
(5)①×　②○　③×

2　(1)**A**
(2)1日の気温の変化《へんか》が小さいから。
(3)午後2時(ごろ)　(4)天気

3　(1)**B**　(2)水てきがたくさんついている。
(3)じょう発

考え方

1　空気の温度は，地面からの高さや地面のようすでちがってきます。そのため，風通しのよい，地面からの高さが1.2~1.5 mのところの空気の温度を気温としています。

2　晴れの日の気温の変化は，朝夕は低《ひく》く，昼ごろ高くなり，午後2時(14時)ごろにいちばん高くなることが多いです。雨やくもりの日は，晴れの日にくらべて気温の変化が小さいです。このように，1日の気温の変化は天気によってちがいがあります。

3 ふたをすると，水が目に見えないすがた(水じょう気)に変《か》わりますが，ラップシートによって空気中に出ていくことができず，水てきになって内側《うちがわ》につきます。

88～89 ページ

8 人のからだのつくり

1 (1)かたい所…ほね
やわらかい所…きん肉
(2)関節《かんせつ》 (3)ほね

2 (1)**C**，**E** (2)関節 (3)決まっている
(4)**A イ** **B ウ**

3 (1)**A**ちぢむ **B**ゆるむ
(2)かたくなる (3)**C**ゆるむ **D**ちぢむ
(4)関節 (5)ほね(と)きん肉

4 (1)**A**ほね **B**きん肉 (2)**ウ**

考え方

1 人のからだは，ほねとほねのつなぎ目になっている関節で曲げることができます。

2 ほねには，からだの中のやわらかい部分をまもっているものもあります。

3 ほねについているきん肉がちぢんだりゆるんだりすることで，うでを関節で曲げたりのばしたりできます。

4 人と同じように，動物のからだにもほねときん肉があり，それらのはたらきでからだを動かすことができます。

90～91 ページ

9 空気・水・金ぞくの体積と温度

1 (1)**イ** (2)**ウ**
(3)①大きくなる ②小さくなる

2 (1)通りぬけない。 (2)大きくなったから。
(3)通りぬける。

3 (1)**B**→**C**→**A**→**D** (2)同じ

4 (1)①上のほう ②上のほう
(2)① (3)**イ**

考え方

1 空気も水も温度によって体積《たいせき》が変化《へんか》しますが，水は空気にくらべて変化がずっと小さくなります。

2 金ぞくも温度が高くなると体積が大きくなり，あたためた球は輪《わ》を通りぬけられません。

3 金ぞくは熱《ねっ》しているところから順《じゅん》にあたたまります。また，ぼうをかたむけても，その順は変《か》わりません。

4 (1)①はあたためられた水が上へ動き，温度の低《ひく》い水が下に下がってあたためられるので，全体が回りながらあたたまります。②はあたたまった水が上のほうでしか動かないので，下のほうはあたたまりにくくなります。

92～93 ページ

10 雨水のゆくえ，水のすがた

1 (1)ふっとう石 (2)**E** (3)**G** (4)へる

2 (1)食塩《しょくえん》 (2)0(℃) (3)**ウ**

3 (1)**ア** (2)低《ひく》いところ (3)小さい

4 (1)固体《こたい》 (2)気体 (3)えき体
(4)**A**下がる **B**下がる **C**上がる
D上がる
(5)①0(℃) ②100(℃)

考え方

1 水は100℃になるとふっとうし，ふっとうしている間は熱《ねっ》しても温度が変《か》わりません。

2 水は0℃でこおりはじめ，全部こおるまでは温度は変化《へんか》しません。(1)の試験管《しけんかん》をよく冷《ひ》やすための水にまぜるものは，食塩《しょくえん》以外《いがい》のものでも代用できるものはありますが，身近なものでは食塩が便利《べんり》です。

3 雨水は高いところから低いところへと流れ，低いところに集まります。

4 水は熱すると固体→えき体→気体と変化し，冷やすと気体→えき体→固体と変化します。氷は固体，水はえき体，水じょう気は気体です。

94～96 ページ

11 仕上げテスト

1 (1)**B** (2)**ウ** (3)秋

2 (1)**A イ** **B ウ** (2)もとの位置《いち》までもどる。
(3)**A ア** **B ア**

3 (1)**A**× **B**○ **C**△ (2)直列つなぎ

4 (1)**A**きん肉 **C**ほね **D**関節《かんせつ》 (2)**エ**

5 (1)**B** (2)図1 (3)水がじょう発したから。

6 (1)**イ**　(2)①体積《たいせき》　②大きくなる
7 (1)×　(2)○　(3)○　(4)×
8 **C→A→D→B**

考え方

1 ヘチマのたねをまき，図のような葉が出るのは春です。**B**の子葉が出てから，**A**の大きな葉が出ます。

2

ここに注意！ 力を加《くわ》えたときに体積が変化《へんか》するのは空気だけですが，あたためると空気も水も体積がふえます。ただし，体積のふえ方は空気のほうが大きいです。

3 かん電池２こをへい列つなぎにしたときの豆電球の明るさは，かん電池１このときと同じになります。

4 ほねとほねのつなぎ目を関節といいます。

5 (3)ふっとうして水が水じょう気になり，空気中に出ていきます。

7 満月《まんげつ》は，夕方，東の空に見えます。

国語

127〜126 ページ

1 漢字の読み

1 (1)す　(2)くわ　(3)む
(4)しゃくよう　(5)そうこ　(6)ひらい

2 (1)①ぶんべつ　②ふんべつ
(2)①さむけ　②かんき
(3)①けんぶつ　②みもの

3 (1)①せつど　②ふし
(2)①さ　②かんかく
(3)①とうじ　②ちあん　③おさ

4 (1)**ウ**　(2)**エ**　(3)**ア**　(4)**イ**

5 (1)①この　②す　(2)①つら　②つ

考え方

2 その熟語《じゅくご》が，どのような意味で使われているかを考えて，正しく読み分けましょう。

3 (2)①「覚える」の場合は「おぼえる」と読むので注意しましょう。

5 (2)①の「連《つら》なる」とは，列になるという意味で，②の「連《つ》れる」とはいっしょにいるという意味になります。

125〜124 ページ

2 漢字の書き

1 (1)愛読　(2)成果　(3)観察　(4)岐阜
(5)会議　(6)発芽　(7)案内　(8)野菜
(9)残暑　(10)便利

2 (1)~~宮~~→管　(2)~~列~~→例　(3)~~建~~→健
(4)~~礼~~→札　(5)~~低~~→底　(6)~~来~~→未
(7)~~席~~→度

3 (1)折れる　(2)養う　(3)冷たい　(4)改める
(5)散らかす　(6)借りる　(7)笑う　(8)省く

考え方

2 形のよくにた漢字は，気をつけて書くようにしましょう。

123〜122 ページ

3 筆順・画数，同じ読みの漢字

1 (1)**イ**　(2)**ア**　(3)**ア**　(4)**イ**　(5)**ア**

2 (1)**イ**　(2)**ウ**　(3)**ウ**　(4)**ア**　(5)**イ**

3 (1)①季　②希　(2)①共　②協
(3)①欠　②結

4 (1)①関心 ②感心 (2)①小数 ②少数
(3)①競争 ②競走 (4)①意外 ②以外
(5)①機会 ②器械 (6)①強調 ②協調

考え方

2 それぞれ，(1)は６画，(2)は９画，(3)は 10 画 (4)は７画，(5)は 11 画の漢字を選《えら》びましょう。

3 同音異《い》字《じ》(音《おん》読《よ》みが同じで漢字がことなるもの)の問題です。その漢字が，どのような意味で使われているかを考えて，正しく書き分けましょう。

4 同音異《い》義《ぎ》語(読みが同じで意味がことなる熟《じゅく》語《ご》)の問題です。

ここに注意！ 漢字の読み方は，大きく分けて二つあります。中国から伝《つた》わってきたときの音をもとにした読み方を「音読み」，もともと日本にあったことばを漢字にあてはめた読み方を「訓《くん》読《よ》み」と区別しています。同音でことなる漢字を使い分けるときは，その漢字がどのような意味で使われているのかをとらえ，訓読みを手がかりに考えるとよいでしょう。

121～120 ページ

4 漢字の組み立て・漢字辞典の使い方

1 (1)みみ・耳 (2)もんがまえ・関
(3)くち・古 (4)ぎょうがまえ・行
(5)ぎょうにんべん・径

2 (1)木・きへん(き) (2)氵・さんずい
(3)心・こころ (4)宀・うかんむり
(5)糸・いとへん(いと) (6)禾・のぎへん

3 (1)つちへん(つち)・10
(2)いとへん(いと)・6
(3)たけかんむり(たけ)・4
(4)はつがしら・7 (5)こころ・4
(6)ぎょうがまえ(ゆきがまえ)・6
(7)うしへん・4 (8)りっとう・6

4 (1)10 (2)9 (3)12 (4)11 (5)7
(6)12 (7)6 (8)14 (9)12 (10)10

5 (1)かねへん・キョウ・かがみ
(2)にんべん・イ・くらい
(3)まだれ・テイ・そこ
(4)たけかんむり・セツ・ふし
(5)おおがい・ガン・ねがう

考え方

1 (1)，(3)の部首は，漢字の意味からとらえるようにしましょう。

ここに注意！ 部首はその位《い》置《ち》によって，次の七種類《しゅるい》に分けられます。
① (へん)…木・氵・糸・扌
② (つくり)…殳・攵・刂・頁
③ (かんむり)…宀・冖・艹
④ (あし)…灬・儿
⑤ (たれ)…广・厂・疒
⑥ (にょう)…辶・廴・走
⑦ (かまえ)…囗・匚・門

3 「部首をのぞいた画数」を答える点に注意しましょう。(4)の部首の筆順《ひつじゅん》と，(6)の部首が「ぎょうにんべん」ではないことにも気をつけましょう。

4 (9)のつくりの部分は８画です。

ここに注意！ 漢字辞《じ》典《てん》の引き方
①部首さくいん…読み方はわからないが，部首がわかっているとき。
(例)冷《れい》…部首さくいんの２画を見て「冫」のページをさがし，開く。部首以外《いがい》の画数は５画なので，５画のページを開く。
②音訓《おんくん》さくいん…部首はわからないが，読み方がわかっているとき。
(例)努…音訓さくいんで音読みの「ド」か訓読みの「つと(める)」をさがして「努」がのっているページを見つける。
③総画《そうかく》さくいん…部首も音訓もわからないとき。
(例)最…総画数を数え，総画さくいんの 12 画のところで「最」をさがし，ページを見つける。
総画さくいんは，画数を正しく数える必要《ひつよう》があるので，注意しましょう。

119～118 ページ

5 熟語の意味

1 材料・注意・要求・完成・相談・命令(順《じゅん》不《ふ》同《どう》)

2 (1)案 (2)望 (3)省

3 (1)**ウ** (2)**ア** (3)**エ** (4)**イ** (5)**エ** (6)**ウ**

4 (1)不 (2)未 (3)不 (4)無

5 (1)路　(2)冷　(3)働　(4)化
6 (1)**イ**　(2)**ウ**　(3)**ア**　(4)**ウ**　(5)**イ**　(6)**ウ**
7 (1)暗　(2)楽　(3)答　(4)散(配)　(5)近
8 (1)①功　②失　(2)①福　②不
(3)①工　②然　(4)①実　②理(空)
(5)①分　②体(部)　(6)①争　②平

考え方

1 全体の中から一字ずつ組み合わせて，熟語《じゅくご》をさがしましょう。使った漢字に×をつけて消すとよいでしょう。

2 (1)は「安内」ではありません。(3)は「セイ」「ショウ」という二つの音読みを持つ漢字が入ります。

3 (3)「席《せき》に着く」，(5)「心を改《あらた》める」と考えます。

4 「不《ふ》」は「…ではない」，「無《む》」は「…がない」，「未《み》」は「まだ…しない」という意味です。また，「無」は「無礼《ぶれい》」「無作法《ぶさほう》」のように「ブ」と読む場合があります。(4)は「不利《ふり》」とかんちがいして「不理」と書かないように注意しましょう。

6 にた意味の熟語には，二字ともちがう場合(心配＝不安)と一字だけちがう場合(発育＝成育《せいいく》)があることを覚《おぼ》えておきましょう。ほかに(1)は「成長」，(3)は「方角」という熟語もあります。

7 訓読《くんよ》みで考えると，反対の意味を持つ漢字がわかりやすくなります。

8 反対語も，一字が反対の意味の漢字で，もう一字が共通《きょうつう》する漢字になっているものと，二字とも漢字がちがうものにわかれます。(2)は前者に，(1)・(3)・(4)・(5)・(6)は後者にあたります。にた意味の熟語や反対の意味を持つ熟語を整理してセットで覚えておきましょう。

117～116ページ

6 言葉の意味

1 (1)あける　(2)かける　(3)つく
2 (1)**ウ**　(2)**オ**　(3)**ア**　(4)**カ**　(5)**イ**　(6)**エ**
3 (1)**ウ**　(2)**カ**　(3)**イ**　(4)**ア**　(5)**オ**　(6)**エ**
(7)**キ**
4 (1)うのみにし　(2)しっぽを出す
(3)羽をのばす　(4)ねこをかぶっ
(5)ねこなで声　(6)白黒つけ

考え方

3 ことわざは，昔から言いならわされてきた言葉で，だれからともなく伝《つた》わったものです。身近なものを使って，いましめやためになることを教えるものがたくさんあることを覚《おぼ》えておきましょう。

115～114ページ

7 こそあど言葉・つなぎ言葉

1 (1)**エ**　(2)**カ**　(3)**イ**　(4)**ウ**　(5)**オ**　(6)**ア**
2 (1)良子《よしこ》さんのとなり
(2)(向こうに見える)赤い屋根(の家)
(3)新種《しんしゅ》の発見
(4)大きな池　(5)奈良《なら》の吉野山《よしのやま》
(6)必《かなら》ず晴れる　(7)図書館で借りた本
3 (1)**ウ**　(2)**オ**　(3)**ア**　(4)**エ**　(5)**イ**
4 (1)と　(2)のに(けど)　(3)し
(4)ので(から)
5 (1)**イ**　(2)**ア**　(3)**ア**　(4)**イ**
6 (1)(例《れい》)姉はつかれているが(のに・けれど)，休もうとしない。
(2)(例)遊園地で観《かん》らん車に乗ったし，ボートにも乗った。
(3)(例)寒いから(ので)，ストーブをつけよう。

考え方

2 指している言葉を「こそあど言葉」の代わりにあてはめて，意味が通じるかを必《かなら》ずたしかめましょう。

ここに注意！ 前にのべた言葉やことがらについて，くり返しのべる場合に使う言葉を，「こそあど言葉(指示語《しじご》)」といいます。指ししめしていることがらや場所によって使い分けると，次のようになります。

	もの	場所	方向	様子
自分に近い	これ	ここ	こちら こっち	こんな
相手に近い	それ	そこ	そちら そっち	そんな
どちらにも遠い	あれ	あそこ	あちら あっち	あんな
わからない	どれ	どこ	どちら どっち	どんな

3 前後の文の関係《かんけい》を考えて選《えら》びましょう。

ここに注意！ 文や言葉をつなぐ働《はたら》きをする言葉を「つなぎ言葉(接続語《せつぞくご》)」といい，次のような種類《しゅるい》があります。
①前のことがらとならべるもの
(例《れい》)また・および・ならびに
②つけ加《くわ》えるもの
(例)そのうえ・そして・また
③どちらかを選ぶもの
(例)それとも・あるいは・または
④前のことがらを原いんとするもの
(例)だから・それで・すると
⑤反対の内ようがあとにくるもの
(例)しかし・だが・けれど
⑥話題を変《か》えるもの
(例)さて・では・ところで

5 前後の文の関係が反対であれば「けれども」，前が原いんであとが結果《けっか》であれば「だから」が入ります。

113〜112ページ

8 文の組み立て

1 (1)花が・さく
(2)夏は・暑い
(3)弟が・笑った
(4)赤ちゃんは・かわいい
(5)姉は・大学生だ
(6)くじらが・ふいた
(7)建物は・病院だ

2 (1)**ア**　(2)**ウ**　(3)**イ**　(4)**イ**　(5)**ア**　(6)**ウ**

3 (1)わたしは　(2)父は　(3)ぼく(わたし)は

4 (1)かわいい　(2)とっている
(3)犬が　(4)雨が

5 (1)妹は・着た・**ア**
(2)母は・いそがしい・**イ**
(3)ぼくは・店番だ・**ウ**
(4)屋根がわらが・光る・**ア**
(5)映画《えいが》は・おもしろかった・**イ**

考え方

1 まず述語《じゅつご》を見つけ，それは「だれ」「何」についてのものかと考えて主語を見つけましょう。

2 まず，各文《かくぶん》の主語・述語を見つけます。次に，述語が動作を表しているか，様子を表しているか，ものの名前を表しているかを考えましょう。

ここに注意！ 主語・述語の三つの形
①「何が(は)—どうする」
(例《れい》)スズメが　飛《と》ぶ。
②「何が(は)—どんなだ」
(例)スズメは　かわいい。
③「何が(は)—何だ」
(例)あの鳥は　スズメだ。

3 会話文などでは，主語や述語が省《はぶ》かれていることがあります。注意しましょう。

4 (1)・(2)は述語，(3)・(4)は主語を答えます。

5 述語が「動作」「様子・せいしつ」「ものの名前」のどれを表しているかを考えましょう。

111〜110ページ

9 伝記を読む

1 (1)**イ**
(2)(だれを)ヘレン
(どのように)(例《れい》)きびしくせずに，すきなようにさせておく
(3)**イ**　(4)**ウ**
(5)(例)言うことをきかなかったヘレンが，スプーンを持って，おとなしく，しょくじをするようになったから。

考え方

1 (1)□の前には，きびしくするのはかわいそうだという内ようがあり，□のあとには，かわいそうでも，きびしくして，ヘレンを正しい方向へみちびく様子が書かれていることに注目します。
(2)——線①のあとに「ヘレンは…」とあるので，ヘレンのことについていっているのがわかります。そこからヘレンの様子も読みとりましょう。
(3)ヘレンに対する，アニーの気持ちやたい度を本文から読みとって，言葉の意味をとらえましょう。
(4)——線③の前に「アニーは，ヘレンのおとうさんやおかあさんに，えんりょすることをやめました」とあり，かぎをかけたあと，アニーがどのようにヘレンにせっしたのかが書かれています。このことから，アニーの気持

ちを考えましょう。
(5)――線④の前に，どんなときにアニーが泣《な》いたのか書かれています。何がうれしかったのかを考えましょう。

109〜108ページ

10 物語を読む

1 (1)A…**イ**　C…**ウ**　D…**ア**　(2)**イ**
(3)(例《れい》)クラスの半分以上が，これまでに空を飛《と》ぶゆめを見ているということ。
(4)**ウ**　(5)友太《ゆうた》(と)大助《だいすけ》(順不同《じゅんふどう》)
(6)二人(だけ)・(みんなの)仲間

考え方

1 (2)「あら，あたしなんか……」という吉川《よしかわ》マリの言い方から考えましょう。
(5)「まだか？」「まだだ。」は，「空を飛ぶゆめをまだ見ていないか？」「まだ見ていない」という意味の会話です。空を飛ぶゆめを見ていないのは，友太と大助の二人だけです。

ここに注意！ 物語の読み方
①あらすじをとらえる。
②主人公のせいかくや気持ち，気持ちの変化《へんか》を読み取る。
③山場(最《もっと》ももり上がる部分)をとらえる。
④主題(作者の伝《つた》えたいことがら)をつかむ。

107〜106ページ

11 説明文を読む

1 (1)A…**ウ**　B…**イ**
(2)こめかみのきん肉・ほおのきん肉
(3)①生きのびる　②**ア**

考え方

1 (1)つなぎ言葉の問題では，前後の文のつながりや，段落《だんらく》のつながりに注意しましょう。
(2)――線①の直後に，「遠藤《えんどう》さんはこう答えを出した」とあることに着目しましょう。
(3)①少し前にある，「このように，生きのびるために体の形やはたらきがかわることを進化とよぶ」に着目しましょう。②――線②の前にある「遠藤さんの考え」から，「進化の道すじは……答えは一つではない」ことがふしぎだとわかります。

ここに注意！ 説明文の読み方
①話題をつかむ。
②段落ごとの要点《ようてん》をつかむ。
③段落どうしのつながりをおさえる。
④まとめの部分をつかみ，筆者の意見や結《けつ》ろんを読み取る。
・つなぎ言葉(接続語《せつぞくご》)やこそあど言葉(指《し》示語《じご》)に着目し，文章のてん開をつかもう。

105〜104ページ

12 記録文を読む

1 (1)A…**イ**　B…**ア**　(2)祖先・同じ
(3)空をとぶ　(4)**ウ**　(5)11

考え方

1 (1)前後のつながりをとらえ，考えましょう。
(2)10段落《だんらく》に，いろいろな動物をくらべてわかったことが書かれています。
(3)「何をする」ための羽がないのかを考えましょう。羽は，「空をとぶ」ためにあります。
(4)12〜14段落の内ようから考えます。

103〜102ページ

13 詩を読む

1 (1)**イ**　(2)わたしが好きな　(3)**ウ**
2 (1)9　(2)だいくさん
(3)(例《れい》)青々としたところがにているから。
(4)ノコギリの音　(5)**エ**

考え方

1 詩が表している内ようや作者の気持ちをつかみましょう。作者と同じ立場に立って場面を想ぞうし，作者の感動を味わいましょう。
(1)・(2)は，まず第一連《れん》の1行目に着目します。
2 (1)後半は「月のいいばん」の世界をえがいています。
(2)・(4)キリギリスが鳴くときの様子を作者はじっと見つめています。その音色や様子から，作者が想ぞうしたものをたとえて表げんしています。
(5)月の光に照《て》らされて，草の葉っぱにまぎれたキリギリスがしきりに鳴いている光景《こうけい》を思いうかべてみましょう。うるさくて不《ふ》かいな光景ではないので，**イ**・**ウ**は合いません。

14 作　文

1 A…(例《れい》)読書の大切さ
B…一定レベル以上に頭をよくする
C…(例)いろいろなことを知ることができる

2 A…(例)自分の意見が相手にしっかりと伝《つた》わらないと相手もそれに対する自分の意見を話すことができない
B…(例)相手の話をしっかりと聞かないと，話の内ようがわからなくなり自分の意見をまとめられない

3 (例)七月二十日，土曜日の午前十時から，体育館で図書委員によるお話会を行います。プログラムは当日，受付《うけつけ》でおわたしします。(57字)

考え方

1 本文には，読書の大切さが書かれています。「本を読まない人」を「お風呂《ふろ》に入っていない人」にたとえて表げんに工夫《くふう》をこらしています。また，大学生があまり本を読まないことを例《れい》に挙《あ》げて，「本って，読まなくちゃいけないの？」という質問《しつもん》自体が無意味《むいみ》であることを強調しています。
[A]は，筆者が本を読むことの大切さを強調していることから考えます。[C]は，読書の目的《もくてき》や読書によって何をえられるかを考えて答えましょう。

2 AとBのどちらかを選《えら》んで，その理由を答える問題です。相手に自分の話をしっかりと伝えることと相手の話をしっかりと聞くことはどちらも大切ですが，自分がより大切だと思う方を選んで，その理由をくわしく書きましょう。自分の意見や考えを書くときは，自分が最《もっと》も伝えたいことが何であるかをよく考えて文章を書き始めます。文章ができたら，まちがえている字や言葉づかいを見直してよりよい文章にします。

3 メモをもとに，どのような順《じゅん》じょで書けば，要点《ようてん》をわかりやすく伝えられるかを考えましょう。「いつ」「どこで」「だれが」「何を」「どういうわけで」「どのように」など必要《ひつよう》なことを正かくに書きましょう。

15 仕上げテスト

1 (1)しろ　(2)こうさ　(3)ぐんたい

2 (1)試　(2)育児　(3)信用

3 (1)ごんべん・15　(2)いとへん・12
(3)くさかんむり・7　(4)しめすへん・9
(5)おおがい・12

4 (1)太陽が・のぼる
(2)父は・でかけた
(3)雨も・ふりだした
(4)君こそ・ふさわしい

5 (1)a しょうどくき　b 静(か)　c 不思議
d みじか(く)
(2)(主語)海戦《かいせん》は　(述語《じゅつご》)始まった
(3)**イ**
(4)ベルト一本～うにする力
(5)(例《れい》)みがいて
(6)・みがき光った器具・新手の七つ道具
(7)**ア**

考え方

3 部首には，(4)「礻(しめすへん)」と「衤(ころもへん)」，(5)「貝(かいへん)」と「頁(おおがい)」のようにまちがえやすいものがあるので気をつけましょう。

4 主語を示す言葉には，「が」や「は」のほかに，「こそ」や「も」などもあります。

5 (2)主語は「何が(は)」にあたるもので，述語は「どうする」「どんなだ」「何だ」にあたるものです。述語はたいてい文の終わりにあるので，述語をさがしてから，それに対おうした主語を見つけるようにしましょう。
(4)本文中から「治療椅子《ちりょういす》」と同じような意味の言葉や，「……力がある」「……を持っている」という意味の言葉を目印《めじるし》にさがしましょう。
(6)この「青おにや赤おに」は「わたし」の口の中に入ってくるものなので，歯医者さんが治療に使う道具のことを指しているとわかります。
(7)直前に「わたしは相手がこんどはいかなるたくらみをなそうとしているか，それを知りたくて」とあることに着目しましょう。この内ように合う**ア**を選《えら》びましょう。

☆24